Dear Maui

マウイを巡る12の物語

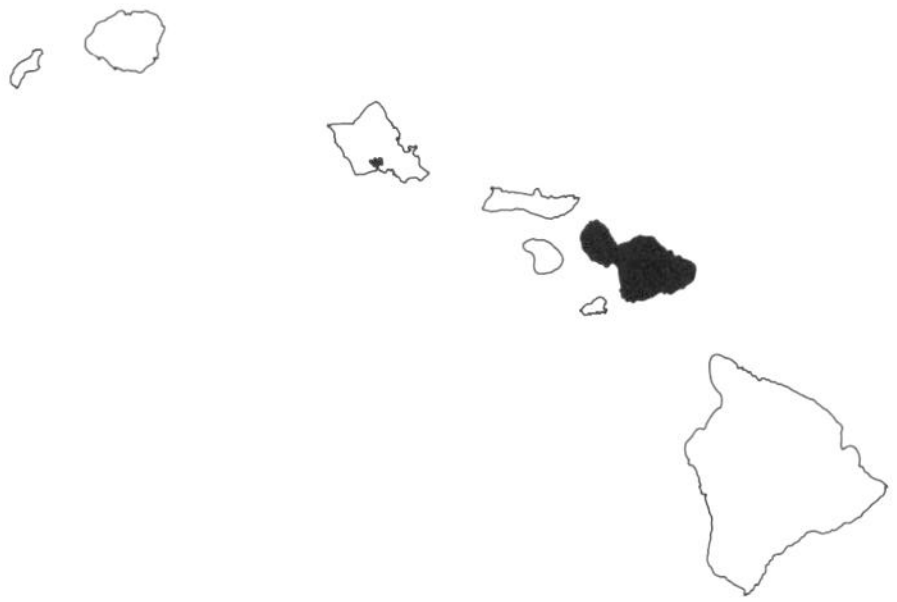

メモリー オブ マウイ

佐藤秀明

The
LAHAINA
MARKET PLACE
GOLD

CHEESE BURGER
BREAKFAST

Marlboro
WELCOME! TO
MARLBORO & CHINGS
Marlboro
Try one
More.
Winston
MERIT
CAMEL
LIGHTS
CHING STORE
CUT FLOWERS

NO
PARKING

yard
TAVERN
THE VINEYARD TAVERN
The
VINEYARD
TAVERN

THE
NGALOW
ROOMS
CHEVROLET

RACIN
PARTS

ありがとうマウイ。

ラハイナの午後、肌を刺すような強い太陽の光。特に、風が止む夕陽の容赦なく照りつける光はボクの許容範囲を超えるような暑さだ。それがラハイナなのだが、逃げるように日陰に駆け込み一息つくと、体にまとわりついた汗が乾いた空気によって徐々に冷やされて蒸発してゆく。

ラハイナに初めて行ったのは1970年だった。開通したばかりの、ラハイナ〜カアナパリ間を走るシュガートレインを撮りに行ったのが初めてのマウイ島だった。かつてサトウキビを運んで走っていた鉄道をよみがえらせるための工事が終わったばかりで、赤茶けた沿線は荒野そのものだった。西部劇時代に活躍していた蒸気機関車を本土から運んできただけあって、当時の荒涼とした風景によく似合っていた。線路を包み込むように茂っていたサトウキビの葉が、風に揺れながら光を反射してキラキラと輝いていた。海を見下ろすと充満した強い光の中で視界いっぱいにラナイ島が横たわって見えた。眼下の煙突は細々と稼働するサトウキビ工場の煙突だ。

その数年後、オアフ島へサーフィンの撮影に通い始めるが、オアフ島の波が穏やかな日が続くと、ラハイナの思い出につられてマウイ島を何度も訪れた。マウイ島での過ごし方はいく通りもあった。マウイの数少ないサーフィンスポットのホノルアベイでは、波を見下ろすことの出来る崖の上から身動きさえ忘れて撮影に没頭した。次々に波をとらえるサーファーたちのセッションを夢中になってファインダー越しに追いかけていると、いつしかトランス状態にはまり込んでゆく。

また、乾いた暑い南部にいると、雨の多い湿った東のハナへ行ってみたくなる。パイアの古い町並みをやり過ごして360号線をハナへ向かって車を走らせるのは普通のことだった。しばらく行くと左手に美しいタロイモ畑が見えてくる。まるで日本の水田を思わせる。ちょっと寄り道をしてみるとそこは別世界だった。どこにいても水の音がするのだ。一日中雨が降った次の日のこの道は、ハレアカラから流れて下ってくる幾すじもの濁流で路上に水があふれることもあった。熱帯のジャングルそのものだ。ハレアカラの北面の湿潤な気候と砂漠のような南側のそれはそれで、写真家にとって面白いコントラストだ。

その頃のラハイナは、ホテルやモーテルに予約なしでも宿泊は可能だった。パイオニア・インでさえも運が良ければ部屋を確保できたのだ。週末になると混み合うという、どこでも見られる普通の古い町だったのだ。部屋が空いてない場合はワイルクまで行けば簡単に宿が見つかった。ワイルクもラハイナ同様、歴史を感じさせる静かな町だ。イアオ渓谷からの清冽な水は爽やかな風を町に運び届けてくれた。夜の静けさと爽やかさを満喫したワイルクだった。

しかし、何と言ってもボクを夢中にさせたのは、どの町でも1950年代のアメ車を目にしたことだ。古い町並みと古いアメ車。そんな生唾を飲み込むような風景が、マウイ島ではまだまだ残されていた。ガソリンスタンドを兼ねたゼネラルストアや日本人や中国人の経営する古い木造のストアと古い車を探し回ったことはとても懐かしい思い出だ。

そんな忘れかけていたマウイ島の思い出をよみがえらせてくれたのは今回の惨事だ。好きな古い町並みが一瞬にして消滅したという衝撃の出来事に、ただ呆然とするばかりだ。

最後に家や家族、友人を失われた方々に哀悼の意を捧げたいと思います。

P006 カーッと照りつける太陽の時間。ラハイナの夕方。
P008 ラハイナの近くにあった砂糖工場。
P011 サーフィンを終えて崖上の車に帰る。ホノルアベイ。
P012 マウイで最も人気のあるホノルアベイ。
P014 ラハイナのガソリンスタンド兼雑貨屋。
P015 ラハイナのバーであった男。
P016 ラハイナにて。
P018 ワイルクで見かけた珍しい車。デソート。
P020 ワイルクの町。1980年代。
P022 ワイルクの夕暮れ。
P024 強い西陽を受けるラハイナのストア。

佐藤秀明（さとう・ひであき）

写真家。新潟県燕市出身。日本写真家協会会員。1970年代前半から波を追いかけ、サーフィン雑誌を中心に活躍。その後、世界中の辺境を中心に撮影活動を続け、数多くの作品を発表。著書に『鎮魂・世界貿易センタービル』（マガジンサポート）、『次の海まで100マイル』（片岡義男と共著、同文書院）、『カイマナヒラ』（ビームス）、『雨の日に』（装丁夜話BOOKS）など多数。

https://www.hideakisato.com

神々の島

近藤純夫

輝きの海

いまはなきアロハ航空で初めてマウイ島を訪れたときのこと、厚い雲に覆われた西マウイの山々に小さな機体が近づくと、その先に輝く海が現れた。雲の切れ間にピスタチオ色の海原が広がり、白い波が幾重にも立ち上がっていた。波のなかには米粒のようなサーファーたちが見え隠れする。ビーチに人の群れがあったので、おそらくサーフィンの大会が催されているのだろう。マウイ島が話題にのぼるといつもその光景が目に浮かぶ。

西海岸のなかほどにラハイナの町がある。ハワイ王国が世界に開かれた時代の拠点であり、一時は首都でもあった。文字のないハワイ文化に急ごしらえながらアルファベットが作られ、印刷所が造られた。この町はハワイで最初に、ハワイ語の教科書や聖書が作られた場所でもある。

ラハイナはかつてレレと呼ばれた。ハワイ語で「飛ぶ」とか「突き出す」という意味なのだが、言葉の背景には「空を飛ぶクレアナ」というモオレロ（伝承）がある。クレアナとは権利と義務との関係を指す。暮らしのなかで何かを求めるのであれば、自らも社会や自然に対して正しい振る舞い（責任）を果たさなければならないという約束ごとだ。すべては持ちつ持たれつとも言えるが、それはおそらく今日のアロハの精神にも繋がる。求めるなら受けとめよという意味合いで、この精神がハワイの伝統文化を支えている。

レレの背景には政治的な思惑もありそうだ。正しい行いが求められるということは、厳しい戒律（カプ）が働くことを示しているからだ。レレには「神に捧げものを置く台」という意味もあるから、この町の暮らしは厳格化された戒律によって営まれていたに違いない。

レレの名はいつしかラハイナ（ラーハイナー／Lāhainā）に取って代わる。この言葉はハワイ語で「無慈悲な（灼熱の）太陽」を意味する。なぜ灼熱なのか。それはこの地に吹く貿易風のせいだ。西マウイの内陸には標高一七六四メートルのプウククイ山を中心に高山が林立する。ここで雨を落とした貿易風はその先のラハイナやカパルア、カアナパリに乾いた風しかもたらさない。光り輝く太陽は乾ききった大地を焦がし、灼熱と化すのだ。

雲ひとつない空の下、光り輝く海を見ながら西マウイの海岸を走るのが好きだ。南はオロワルから北はカパルアまでの西海岸を結ぶ州道三〇号線は、マアラエアを過ぎた辺りからモンキーポッドの並木が続き、海岸にはサーファーが乗り捨てたピックアップトラックが見られるようになる。最近は何軒かお洒落なカフェも出現しているが、何十年も前から景色はたいして変わらない。しかしラハイナに近づくと様相は一変する。車道の両端はホノルル郊外のように壁が立ち上がり、小洒落たショップやスケートボード場などが現れる。観光客目線と言われればそれまでだが、ハワイ島のヒロの町のように、古《いにしえ》の景観に想いは馳せる。

ラハイナの町に入り、幹線を北へ折れると巨大な煙突が出現する。かつてはここにサトウキビ工場（パイオニア・ミル）があったが、いまは煙突だけが残されている。ここでいつも地元の友人と待ち合わせをする。ハワイではよくあるように、彼ものんびりとした性格なので時間どおりには来ないだろうと思っていたら珍しくオンタイムにやって来た。

「Howzit, brah?（よぉ、久しぶり！）」

ぼくは返事をする代わりに、笑顔でシャカ（手の仕草）を返した。

「今日も列車に乗るんだろ？」彼はそう言って笑った。煙突の少し先にかつてサトウキビを運んだ列車が観光用に姿を変え、当時はまだ走っていた。ぼくはなぜかこの列車が好きで、いつも時間を割いて乗っていた。このときも車内アナウンスを子守歌に海の景色を見てまどろんだ。その昔、サトウキビを運んでいた貨車は週末限定で観光列車となった。当時の乗客もまたぼくと同じようにまどろんでいたのだろうか。そんなとりとめのないことを考えながら、ラハイナがいかに変わったかを熱く語る友の話に適当に頷いていた。

千年バナナ

ハワイ諸島のバナナ（マイア）は、いまから千年ほど前に先住者が持ち込んだものだ。数種あり、男性だけが食べられるものと女性も食べることを許されているものに分かれていた。伝統社会にはカプと呼ばれる厳しいルールがあり、男性しか食べられないバナナを女性が口にすると死罪となった。

太古のバナナを栽培する友人がマウイに住んでいる。植物学者なのだが、学者にありがちな、身の回りを気にかけない性格の男だ。彼は長いこと国立公園の官舎に住んでいたが、あるとき引越しをするという連絡をもらった。クラにある親の土地を相続したとのこと。しかし土地しかないので家を建てなければならない。日頃、「金ならない」と豪語していたのでどうするのだろうかと気になった。聞いて驚いた。遠縁から廃屋をもらい受けるので、それを大型トラックに載せて移築するというのだ。親の土地はクラとマカヴァオの中間にあって道は狭い。家を運ぶなど不可能に思えた。「通らないなら通せるようにする」と彼は言い、家を半分に切断して運ぶという荒業に出た。家はガレージほどの大きさとなってしまったが、彼は意に介さなかった。

翌年、「新居」を訪れて驚いた。家は確かにガレージのようなものだったが、敷地は広大で、ちょっとした渓谷までが広がっていた。その渓谷を覗き込むような場所にバナナの林があった。ちなみにバナナは木ではなく草だ。

そのなかにマイア・マニニはあった。ポリネシア人がハワイ諸島に移り住んだ際、最初に植えたバナナが本種だとされる。ただし生食用ではなく、ジャガイモのように調理して食べる品種だ。英語ではプランテンとも言う。完熟すると黄色となるのは生食用と似ているが、熟すまでは緑に白のストライプが入る。マニニというハワイ語は同じような模様を持つ魚の名に由来する。

残念ながら彼のマニニはまだ若く、試食は叶わなかった。だが、似たようなバナナをパプアニューギニアで食べたことがある。甘みのあるジャガイモのようなものだ。このバナナはマレー半島が原産で、ポリネシア人の祖とされる南アジアの人々が、タヒチとその周辺の島々に持ち込んだものだ。それはやがてハワイにも持ち込まれたという。調べてみると、マイア・マニニの学名はマレー産（マレーヤマバショウ）のみを指すのではなく、リュウキュウバショウとの交雑種に用いる通称なのだそうだ。となると、ハワイ諸島で最初に食べられたバナナは、もとを正せば沖縄に関わるということになる。今日の沖縄には、島バナナと呼ばれる品種があって生食できるタイプだが、外見は似ている。しかし強風に弱く、大量生産に向いていないから流通はしていない。そのことを彼に話すと、おもしろいことを教えてくれた。「マイア・マニニは他の品種より背が高く細い。だから強風に弱いんだ。この島にもハリケーンが来るから、風の通り道に植えることはできない。ハワイの先住者も風の弱い山間地を選んで植えたらしい」。遙か昔、海を遠く隔てた二つの島で似たような文化が育まれていたとしたら面白い。

バナナは寒さに弱く、高温多雨であることが絶対条件だ。その上、分不相応なくらい大きく重い実をつけるので栽培するには手間がかかる。ハワイに入植したポリネシア人たちは、実だけでなく、葉や花を屋根材やアルコールなど、日用品として余さず使った。うまく栽培できないときは作り手に問題があると考え、さまざまなルール（カプ）を作って難局を乗り越えようとした。女性が食べることのできないいくつかのバナナ品種もそのような経緯から生まれたのだろう。

ハワイには「バナナは一日では熟さない（'A'ohe hua o ka mai'a i ka la ho'okahi.）」という諺がある。「急いては事を仕損じる」といったニュアンスだ。何事もじっくり取り組めばいい。ハワイを訪れた人たちは、地元の人のルーズな時間感覚に戸惑いを覚え、「ハワイアン・タイム！」と言ってため息をつく。しかし当のハワイアンたちは困惑しつつ、バナナのたとえ話を持ち出すのだ。

BUBBA GUMP
SHRIMP CO.
RESTAURANT & MARKET
FORREST

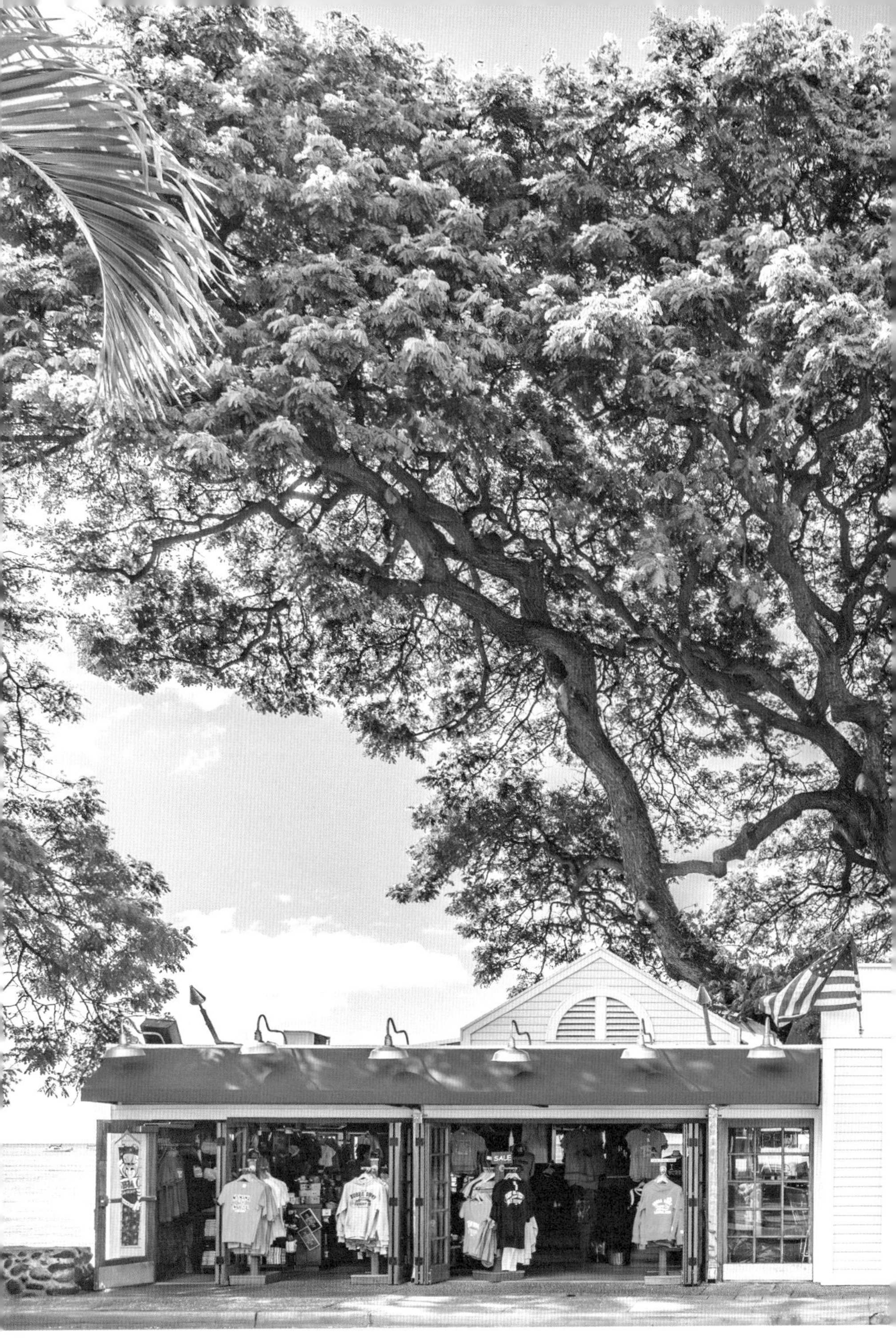
SALE

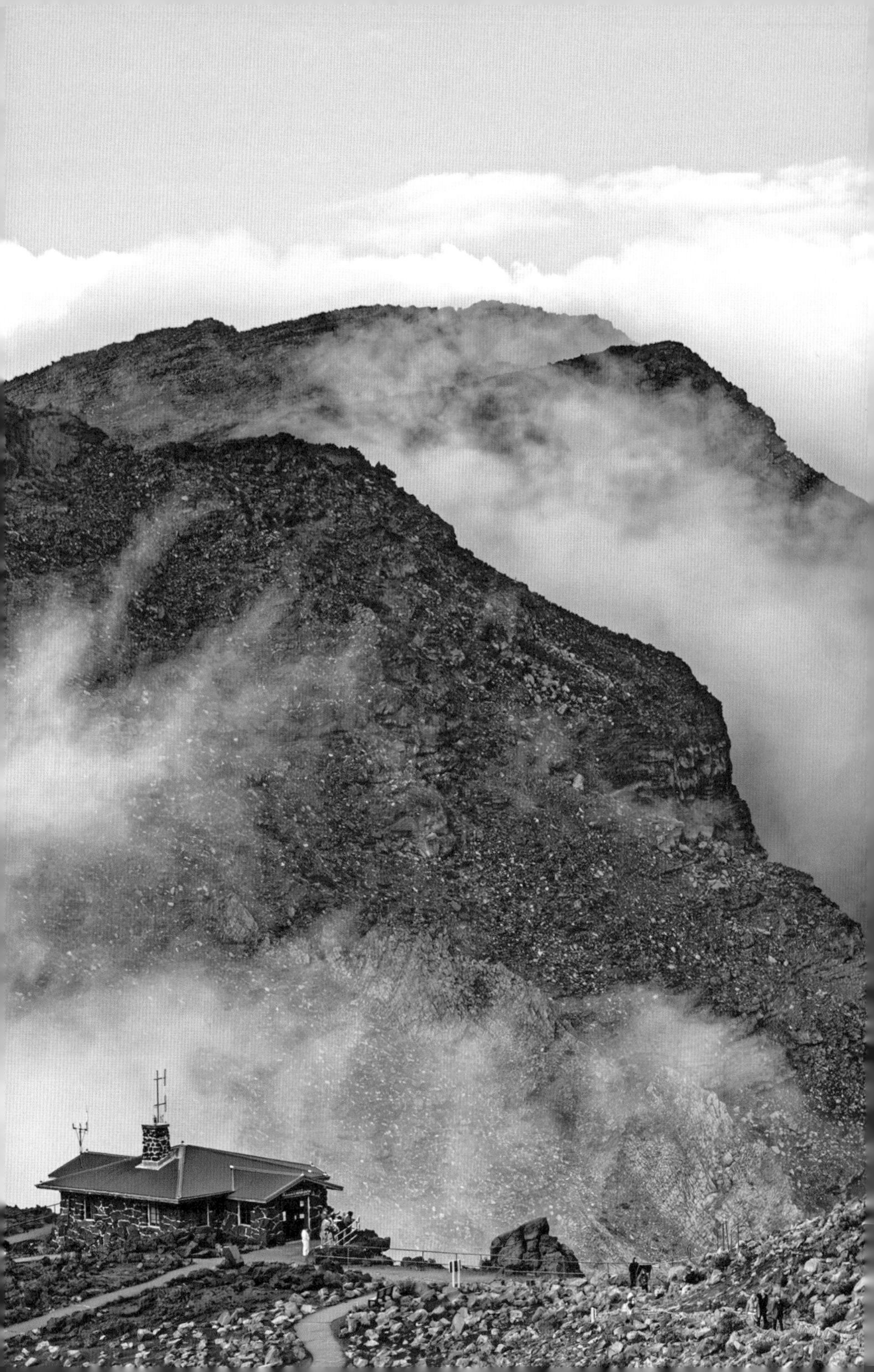

天上への想い

ラハイナの背後には西マウイの高峰が肩を寄せ合うように林立する。いつも分厚い雲に覆われ、深い渓谷は昼なお暗い。岩稜は雨に穿たれて鋭い崖となり、簡単には人を寄せつけない。その険しさと悪天ゆえに、山々は天上と連なる聖なる地と崇められた。そして古来から王家の墓として用いられた。

巧妙に隠されてはいるが、崖には大小の穴が口を開けている。その昔、王が亡くなると亡骸は山頂近くから垂らした蔓で吊り下ろし、そうした穴のひとつに安置された。それゆえ西マウイの山々は霊廟でもあった。なかでもイアオ針峰はその険しさゆえに、もっとも神々に近い聖地とされた。

数百メートルの絶壁を、編んだ蔓を体にまきつけ、腕力だけを頼りに人ひとりを下ろすことに恐怖は覚えなかったのか。おそらく、死者が放つ強烈なマナ（霊的な力）が彼らの使命を支えたのだろう。日中でもほとんど陽が当たることのないイアオ針峰の急峻な地形を見上げながら、臣下の男たちと天上との繋がりを思い浮かべた。

針峰の麓はケパニヴァイと呼ばれ、マウイ島のなかでもとくに浄められた土地だった。その昔、カメハメハ一世は諸島統一を謀り、マウイ島に攻め込んだ。英国より譲り受けた大砲と鉄砲を携えるカメハメハの軍勢に押されたマウイ軍はケパニヴァイに立てこもった。神々の祝福があるこの地であれば、敵を押し返すことができると固く信じたからだ。しかし、マウイ軍は壊滅状態となり、その血はここを流れるイアオ川を永く赤い色に染めた。

イアオ針峰の裏手にはワイヘエという山岳地帯がある。奥には落差三百メートルを超すホノコーハウ滝があり、ワイエフという名の川が滝の先で南北に分かれて流れ下る。流域にはトレイルがあり、川べりにはそこかしこに石をキー（ティ）の葉で包んだお供え（ホオクプ）がある。ハワイの伝統社会では木や草、鳥や空の雲にも神が宿ると信じられた。神々だけでなく人も死んで霊となり、子孫を見守るのだ。この世の人々は自然界という名のもとに、神々と先祖に見守られながら暮らしてきた。

ハワイには、「つねに正しいことを行いなさい（He ʻike ʻana ia i ka pono.）」という諺もある。「その行いが正しいものであるかどうかいつも神々に見られている。背を正して生きなさい」という戒めだ。伝統社会の人々は天上の神々や先祖の霊の眼差しを、監視ではなく守護と捉え、自然を敬いながら暮らしてきた。だからホオクプは人々の日常の挨拶と同じような、神々への挨拶と言えるものだ。とはいえ石を葉で包むのは正しいと言えない。本来は食べるものを包む。お供えが多い背景には急激な川の増水による被害がある。急傾斜の山々が連なるせいで雨が降ると川は濁流と化し、徒渉もおぼつかなくなる。川の氾濫で集落や農地が被害を被ったり、氾濫した川が人をのみ込むこともあった。ホオクプにはいまも安全を祈願する人々の想いが込められている。

カメハメハ一世の死後、西欧文化の影響力が増して旧来のカプが崩壊すると、イアオ針峰は好奇の的となった。歴史家は王家の資料を、強欲な者たちは財宝を狙ってこの山の秘密を暴こうとした。しかし数々の挑戦は実を結ばなかった。ハワイの伝統社会では、太古の昔から墓荒らしが行われてきたからだ。これは暗黙の了解だった。絶大な権力者の骨に宿る巨大なマナをわが物にしようと、古くから遺骨を盗むというカプ破りの習慣があったからだ。だからこの地には死者の怨念が漂う。今日、溪谷は州立公園として多くの観光客で賑わうが、たいていは暗い雲に覆われている。鈍色の雲は、神々が訪れる人たちを冷ややかに見つめ続けているせいかもしれない。

太陽のすみか

山が好きだからハワイではよく山に登る。どの山も印象的だが、ハレアカラーは特別だ。なにしろ登山ではなく下山で始まるのだ。気を許して速いピッチで歩くと、帰りにしっぺ返しを喰らうことになる。標高三千メートルを超す高山だから、体力を温存しておかないとバテてしまうのだ。歩き始めるとすぐにカルデラを一望できる場所に出る。苦労の末に登りつめた頂から眺めるのが一番だが、最初にしっかりと楽しんでおく。戻り返したときにそれほどのゆとりはない。

ハレアカラーには神が住む。カウアイ、モロカイ、ラナイ、ハワイなど、各島につく「イ」は土地を表す「ʻi」なのだが、マウイ（Maui）は別だ。マウイ島は、火の女神ペレに並び立つ半神マウイをそのルーツとするからだ。今日でもハワイ諸島はもちろんのこと、ポリネシアの多くの島で半神マウイは土地の人々と深い関わりを持つ。

マウイにまつわる話は多い。なかでも太陽を捕まえて諭すという物語はよく知られる。その昔、太陽があまりにも速く天空を駆け抜け、寝床であるハレアカラーに戻るので、地上の人々は日々の暮らしに苦しんだ。そもそもマウイが天空を高く持ち上げすぎたために、太陽は速度を増したという話もある。マウイの母である女神ヒナは日々カパと呼ばれる布を作っていたが、あまりにも日の射す時間が短いため、できあがったカパを干すのもままならなかった。見かねたマウイは祖母に知恵を授けてもらい、ハレアカラーの頂で太陽を捕まえてウィリウィリという木に縛りつけた。そしてゆっくり回るように諭したのだった。

ハレアカラー（Haleakalā）とはハワイ語で「太陽の家」を意味する。この出来事より後、ハレアカラーの頂（カルデラ）はワオ・アクア（神々の住みたもう場所）と呼ばれるようになった。千年以上も昔のハレアカラーはしばしば溶岩を噴出し、その噴煙が空を覆って日差しを遮ることが続いた。日差しが戻ることを祈願してそれが叶えられたとき、この物語が芽吹いたと考えることもできそうだ。

ある夏の朝、ハレアカラーを訪れると、山頂で国立公園の女性レンジャーがオリ（神に捧げる祈り）を唱え始めた。声は全身を深く貫いて、高みに輝く太陽へと立ち昇るように思えた。古の人々にとり、神々はこのような祈りを通じて感じ取られたのかもしれない。

高山は神々の住まう天上にもっとも近いがゆえに、ハワイでは聖なる場所として敬われた。しかし単純な崇拝ではなかったはずだ。天に近いというだけで恩恵が強まるわけではないことなど伝統社会の人たちも知っていたに違いない。太陽や火の神話は、半神マウイを通じて人々の英知を後の世に伝える手段だったのかもしれない。天上の神々と地上の人々を結びつける確かな存在として半神マウイはあり続けたのだ。

その一方で自然界のあらゆるものが崇拝された。森羅万象に神が宿るという考えはアニミズムと呼ばれるが、これはラテン語で「霊魂」を意味する「アニマ」に由来する。とても原始的で素朴だが、信仰とはそもそもそのようなものに違いない。神々と人間社会の間に多くのルールを差しはさむと、信仰は人間社会のしがらみに縛られてしまう。オリを通して解き放たれた言葉は森羅万象の摂理を表しているのかもしれない。

ハレアカラーの戻りはひたすら上りとなる。コオラウの崖《リッジ》から崩れ落ちる雲の滝を背後に、三千メートルを超える高みへと登り続けるのはなかなかに辛い。一歩足を踏み出してもそのつどに砂が足をすくい虚しく後退する。効率の悪いステップを踏みつつ、昔の人は山頂直下に広がるカルデラで何を感じたのだろうと考える。そこかしこに立ち上がる噴石丘に火の女神ペレが住むキラウエア火山を思い起こしたのだろうか。それともマウナ・ケアの静寂を司る雪の女神ポリアフだろうか。いずれにせよ、鎮魂のオリを唱え、子々孫々の平穏を祈ったに違いない。レンジャーが唱えたオリは、そうした人々の想いを彷彿とさせた。

夕暮れが迫る山頂を後に山を下りる。彼方に雲海が広がり、道をのみ込みながらこちらへと迫る。その下は雨だろう。初めて訪れた西マウイの、山中を覆った雲と輝く海との境を思い出す。雨もまたいいものだ。雲の下へと潜り込みながら降下する飛行機のシーンを思い浮かべた。

P038　昼下がりのラハイナ。海風を受けてそよぐ巨樹の木陰にくつろぐ人々。
P040　ラハイナとカアナパリを結んで走るサトウキビ列車。車窓に届く波音に在りし日をしのぶ。
P041　マイア・マニニ。ハワイの先住者たちが持ち込んだバナナはたわわに実をつける。
P042　歴代の王が眠るイアオはいまも霊峰として島の人々を見守り続ける。
P044　西マウイの奥深くにたたずむホノコーハウ滝。雲海の先に神々の住まいがあると信じられた。
P045　ハレアカラーの頂に近い山小屋は、谷底から湧き出る雲が間近に迫る。
P046　夕暮れのハレアカラーを雲海が取り巻く。先を行く車が次々と雲にのみ込まれていく。

近藤純夫（こんどう・すみお）

エッセイスト、写真家、翻訳家。ハワイ火山国立公園アドバイザリースタッフ、ハワイ州観光局アロハプログラムキュレーター。ハワイの自然と文化に関する講演や講座、アロハカワラ版、Facebookなどを通じてハワイ情報を発信。著書に『ハワイごよみ365日』（誠文堂新光社）、『ハワイ・ブック－知られざる火の島を歩く』『新版 ハワイアン・ガーデン』（ともに平凡社）、『フラの本』（講談社）、訳書に『イザベラ・バードのハワイ紀行』（平凡社）など多数。

ケアリイとウルの樹、
ギャビーの愛したハナ

今井栄一

モロカイ、アフプアア、ラハイナ

二〇二三年の九月半ば、僕はモロカイ島にいて、この原稿を書いている。

モロカイは静かで素朴な島だ。信号がひとつもない、ヤシの木より高い建物はない、アメリカなのにマクドナルドがない。住んでいる人は七千人とちょっと。隣のマウイ島の人口は十二万人以上だし、カウアイ島でも島民は六万人を超える。

何度も読んだ池澤夏樹さんの『ハワイイ紀行』は、モロカイ島への旅から始まる。その章のタイトルは「淋しい島」。僕はモロカイにいて淋しいとは感じないが、確かに「隙間、空間がいっぱいあるな」と思うし、今日はローカルスーパーでレジの女性に「Hello, how's it?」と声をかけた以外、まったく誰とも言葉を交わしていない。モロカイはハワイ諸島の中でも特に静かな田舎の島なのだ。

モロカイ島へは、ハワイアン航空のジェット機は飛んでいない。ダニエル・K・イノウエ国際空港（ホノルル国際空港）の片隅にある小さな発着場から、十二人乗りの小さなプロペラ機で渡る。

僕は、モロカイ島の唯一の町（と言ってもそれは、ローカルスーパーが二軒、銀行、ガソリンスタンド、あんパンやクリームパンが名物の「カネミツベーカリー」、ほか数軒の商店が並ぶ、わずか二百メートルほどの通りに過ぎないのだが）であるカウナカカイの、海辺のコンドミニアムに滞在している。モロカイに来て四日目の夜だ。

昨日は、アプリで安く借りたオンボロのフィアット500を走らせて、島の東側へ行っていた。二〇一一年の夏にモロカイで知り合ったシンガーソングライター、エディー・タナカが、島の東端ハラワ渓谷の少し手前に住んでいる。エディーはライブで何度か日本にもやって来ている。祖母が沖縄からの移民。昨日は彼を訪ねながら、森や谷間、海辺に点在するフィッシュポンドを撮影していた。

つまり僕がモロカイへ来たのは二〇一一年以来ということになる。カウアイ島やハワイ島、オアフ島には、年に何度かという感じでよく旅をしているが、モロカイにやって来たのはとても久しぶりだ。

エディーの家は小さな湾に面している。背後は鬱蒼とした森で、すぐ山になる。山からは滝が流れ落ち、川になって流れ、海へと注いでいる。家の裏の川辺にはタロイモの水田がある。ここは小さなアフプアアで、とても美しい。エディーの家の前の海辺に立つと、目の前、海峡のすぐ向こうに、マウイ島のウエストサイドが見える。

昨日の朝、「久しぶり」という挨拶で始まったエディーとの再会では、自然とマウイ島ラハイナの話になった。

「カアナパリの向こうがラハイナだ。ここからも黒い煙は見えていた。燃えている町は見えないが、空に黒い煙が上がり、大変なことが起きていることはすぐにわかった。ニュースで映像を見て大きな衝撃を受けたし、今もずっと心が痛んでいる。モロカイとマウイは兄弟みたいな島だからね。行き場をなくした人が大勢いる」とエディーは語った。

僕が今回滞在しているコンドミニアム（と言っても木造三階建てのアパートメントだが）にも、ラハイナからの避難民がいる。火事で家をなくした人々の中には、別の島のホテルやバケーションレンタルの部屋を格安で借りて、あるいは無料の提供を受けて、当面そこに暮らしているという人たちがいる。車で島を走っているとき、ずっとローカルのFMラジオをかけているが、キャッチしているのはマウイ島のステーションで、三〇分に一度、火事で被災した人たちへの募金を呼びかけるアナウンスが流れる。

モロカイ島へ移動してきた日の午後、ローカルスーパーに日用品を買いに行ったとき、店の前にテーブルを置き、手作りのスパムむすび、いなり寿司、巻き寿司、バナナブレッドなどを売っている家族がいた。立ち止まって見ていると、母親だろう、折りたたみ椅子に座った女性がこう言った。

「私たちはラハイナの火事で家をなくして、一時的にモロカイに来ているの。この売り上げは全部、被災者の基金に回すのよ」

成田空港からオアフ島のホノルル空港へ、そのまま乗り換えてモロカイ島へ来たばかりの僕だったが、彼女の言葉を聞いた途端、気持ちはマウイ島ラハイナに飛んでいった。スパムむすびとバナナブレッドを買った。日本でも大きなニュースになっていたこと、心を痛めている日本人もたくさんいることを彼らに伝えた。「ラハイナはとても好きなオールド・ハワイだった。ショックで悲しいし、残念でならない」と彼らに言った。「ありがとう」と応えた女性は険しい表情のままだった。ハワイでは、人と人とがこうやって会話をするとき、知らない間柄であっても必ず笑顔があるものだ。けれど、彼女はこのときまったく微笑まなかった。もちろんそれは、たまたまだったのかもしれない。だが、その険しい表情は強く印象に残った。

僕は、車を運転して宿へと戻りながら、何度も訪れたラハイナの町を思った。大好きな町で、良き思い出がたくさんある。

ラハイナの中心にある、マーク・トウェインも泊まったと言われる古い宿、「ラハイナ・イン」が好きだった。小さなラナイに座って、買ってきたビールを飲みながら、真下の通りを歩く旅行者を眺めた。

ラハイナに、カアナパリやワイレアからの観光客が押し寄せる前の早朝の時間、海にせり出すようにして建つ「チーズバーガー・イン・パラダイス」の二階の窓辺の席に座り、青い海と、海峡の向こうのラナイ島を眺めながら、目玉焼き、焼いたスパム、ライスという朝ごはんを食べるのが、僕の定番だった。

ハワイ語の「ラハイナ（Lahaina）」とは、「照りつける太陽」という意味だが、その名の通りこの港町はいつも晴天で、午後には容赦のない日射しがたっぷり降り注ぐ。そんなとき僕は、汗だくになりながらヨットハーバーの前にある「パイオニア・イン」まで歩き、港を望む一階のバーで、サミュエル・アダムズのタップビールをパイントで飲んだ。パイオニア・インは古都ラハイナで最も古い宿で、ロバート・スティーヴンスンも泊まったという。かつてラハイナは太平洋捕鯨の中心地で、そのバーは世界の海の男たちの溜まり場だった。

西の港町ラハイナのサンセットはいつだって素晴らしい。夕方になると、観光客もローカルもみんな海沿いのフロント・ストリートに出てきて、思い思いの場所に立ち、日没を待つ。太陽は季節によって、水平線に沈むときもあるし、向かいのラナイ島の向こうに沈んでいく。その時間のフロント・ストリートの遊歩道は、最高の無料アリーナだ。

そのいずれも、今はもうない。跡形も残っていない。照りつける太陽と夕陽の美しさは、今も変わらずにあるけれど。

そして今は夜で、僕はモロカイ島にいて、ゲッコーの鳴き声がときどき響く部屋の小さなダイニングテーブルで、マウイ島について書こうとしている。

二つの大切な思い出を書こうと思う。

マウイ島ワイルクで生まれ、ラハイナとパイーアで育ったケアリイ・レイシェル。彼と初めて会ったときのこと。そして、マウイの東の果ての村、ハナへ、ギャビー・パヒヌイのレコードを作った伝説のプロデューサーに会いに行ったときのこと。

ハワイの音楽が、かつて僕をマウイ島に連れていき、この島と結びつけてくれた。その強い繋がりは、幸運なことに今もずっと続いている。

ワイルク、ウルの樹、ケアリイ・レイシェル

初めてマウイ島に行った日の朝、僕は古都ワイルクでケアリイ・レイシェルと初めて会った。二十年以上前のことだ。

それはある雑誌の特集取材で、僕はインタビューと撮影の両方を依頼されていた。編集者もカメラマンも同行しない、身軽なひとり旅だった。

僕はまずオアフ島に数日間滞在し、オアフに暮らす若い音楽家、高名なクム・フラ（フラの

家元、マスター）、小さなウクレレ工房のオーナー、そしてビショップ博物館では篠遠喜彦先生（二〇一七年に死去）にインタビューをし、その後マウイ島、ハワイ島へ、というスケジュールだった。最後のハワイ島では、世界最大のフラの祭典であり、ハワイ文化において最も重要なイベントである「メリー・モナーク・フェスティバル」を取材することになっていた。全部で二週間ちょっとの旅だった。

マウイ島滞在の目的は二つあった。

ワイルクでケアリイ・レイシェルに会ってインタビューと撮影をすること。次にハナへ行って、伝説の音楽プロデューサー、スティーヴ・ジークフリードを訪ねること。

スティーヴは、ハワイ音楽の父と呼ばれるギャビー・パヒヌイの名盤『Gabby（ギャビー）』（通称「ブラウン・ギャビー・アルバム」）と、やはりハワイの歴史的名盤である『SONS OF HAWAII（サンズ・オブ・ハワイ）』のプロデューサーで、僕はいつか彼に会ってギャビーについて、ギャビーとライ・クーダーの出会いについて、話を聞きたいと思っていた。スティーヴがプロデュースしたその二枚のアルバムをきっかけにして、ハワイ州全土に、「ハワイアン・ルネサンス（ハワイ文化復興運動）」が沸き起こったと言われている。一九七〇年代初頭のことだ。

ケアリイ・レイシェルもまた、僕がずっと会ってみたかった人だ。ケアリイはハワイのスーパースターであり、大ヒット曲をいくつも出しているシンガーソングライター、そして、自分のハラウを持つクム・フラでもある。その鮮烈なデビュー以来、僕はケアリイの大ファンだったし、彼がハワイでどれほど大きな存在であるかは知っていた。

その日僕は、ホノルルからアロハ航空でマウイ島へ渡った。残念ながら経営難で消滅してしまったアロハ航空だが、チケット代が安く、エコノミーの座席はすべて自由席というスタイルが気に入っていて、別の島へ渡るときには好んでアロハ航空を使っていた。その日は朝七時台のフライトだった。

カフルイ空港でレンタカーをして、約束していた場所へ向かった。空港から車で二〇分ほど、カフルイのすぐ隣の町ワイルクにある「ベイリー・ハウス博物館」の庭が、ケアリイが指定してきたインタビュー場所だった。

「庭で待ち合わせって、どういうことだろう」

最初、そう思っていた。行ったことがないから、その博物館の規模や、庭がどんな感じなのか、まったくわからない。ポートレイトを撮影する必要もあったし、心の準備を整えたかったので、僕は約束の時間よりずいぶん早くそこに到着した。

ベイリー・ハウス博物館は、こぢんまりとした居心地の良いミュージアムだった。白い低層の建物で（誰かの旧い邸宅のようだ）、ハイビスカスやプルメリアが満開で、辺りには甘い香りが漂っていた。庭は、その建物の奥の方にあった。バックヤード・ガーデンという感じだ。

ガーデンは美しく、そんなに広々としたものではなく、フレンドリーに感じられた。なんというか、庭が「どうぞ、のんびりしていってね」と語りかけているような、そんな感じ。

朝九時過ぎ。庭には誰もいなかった。今にも雨が落ちてきそうな気配があった。暖かく、湿った、ハワイらしい朝だ。約束の時間は十一時。

博物館が併設する小さなミュージアム・ショップがあり、店員だろう、女性がカウンターの中にひとりで座っていた。僕は店内には入らず、そのショップの外に置かれた木製のベンチに座り、そこでケアリイを待つことにした。

ベンチに座ると、美しい庭を一望できた。ミュージアムはワイルクの住宅地にあり、辺りはとても静かだった。鳥の声と、風の音。僕はバッグからペットボトルの水を取り出し、ひと口飲んだ。

庭には大きく育ったウルの樹があった。そのウルを中心にほかの草木が配置されているようだった。プルメリア、ハイビスカス、バード・オブ・パラダイス、いろんな花が咲いている。ハワイ語でハラと呼ばれるパンダナスも大きな実をつけていた。日本語ではアダン。ほかにもバナナ、ククイ、トラヴェラーズ・ツリーなど、いろんな木々があった。奥に、土で盛られた小さな舞台がある。フラが舞われ、小さなライブがおこなわれるのだろう。すべてが調和している、美しい庭だった。

庭の背後にはウエストマウイの山並みがあり、その頂に吸い寄せられるように雨雲が集まってきていた。写真を撮り終えるまで雨が降らなければいいんだけどな、と僕は思った。小さなメモ帳に書き込んであるケアリイへの質問事項を読み返した。それからまた庭を眺めていた。見飽きることのない庭だ。そうしていつの間にか一時間半以上が経っていた。

どこからか背の高いハオレ（白人のアメリカ人）が現れ、「Hi」と言ってにっこり微笑み、「君がエイイチかい？」と僕に訊ねた。

「はい、僕がエイイチです。あなたは、フレッド？　Good Morning!」

立ち上がって僕は右手を差し出した。数日前、僕はワイキキのホテルからフレッドに電話をかけ、今日のインタビューと撮影について最終確認をしていた。と言っても、まだスマートフォンのない時代。ホテルの固定電話から彼にかけ、留守番電話に僕が行くことをあらためて言い残しただけだ。フレッドはケアリイのマネジャーで、私生活のパートナーでもある。

「ようこそ、マウイへ。今、ケアリイが来るからね」

そして、ケアリイ・レイシェルがやって来た。握手はとてもソフトだった。木のベンチに並んで腰かけた。フレッドはいつの間にかいなくなっていた。

「いつマウイに来たんだい?」とケアリイ。

「ついさっき、一時間半ほど前にホノルルから到着しました。カウアイ、ビッグアイランドは何度も行って、ニイハウ島にも一度行ったことがあるんですが、マウイはこれが初めてなんです」

「カフルイ空港へ向かって飛行機が下降していくとき、ひどく揺れなかった?」

ケアリイにそう訊かれて、そういえば確かに機体が左右にずいぶん揺れていたことを思い出した。

「そう言われてみると……確かに揺れていた気がします」

「うん、そうなんだ。あそこはね、強い風の通り道なんだよ。カフルイの西にはウエストマウイの山脈が連なり、東には巨大なハレアカラがそびえている。その二つの山並みに挟まれた平野に飛行機は降りていく。あそこはね、常に風が強く吹く場所なんだ。その風が、マウイの素晴らしさのひとつでもあるんだけれど、ぼくは飛行機があまり得意じゃないから、あの揺れがすごく怖いんだ。わかっているんだけれど、気味が悪くてね」

怖い、と言うときケアリイは、ほんとうに怖そうに上半身を小さくぶるぶるっとふるわせる真似をした。それがとても可愛らしかった。それで僕は微笑み、ケアリイも笑った。その瞬間、僕はすっかりリラックスしたのだった。

「ここ、素敵な庭ですね」と僕は庭を見ながら言った。庭には細かな雨が落ち始めていた。ベンチは軒下にあったので、僕らは濡れない。

「この庭は、ぼくが造ったんだよ」とケアリイは言った。

「えっ、あなたが……？」

「知らなかったかい？ ぼくはかつて、このミュージアムのディレクターを務めていたんだ。この博物館のマネジャー兼責任者みたいなものだね。それがぼくの仕事だった。もう何年も前のことだけれどね」

そしてケアリイは、自分がこのミュージアム全体を造り上げたこと、何か月もかけて旧い建物を改修し、ゼロから庭を造っていったことなどを教えてくれた。

この場所はもともと、初期のハワイ王族の土地だったという。一八三七年、アメリカ本土のマサチューセッツ州ボストンから赴任してきた宣教師、エドワード・ベイリーの一家が土地を買い取り、この家を建て、以後暮らしていたという。二〇世紀になり、戦争が終わり、長い間誰にも管理されずにほったらかしになっていたこの旧邸宅をミュージアムにする計画が持ち上がり、ケアリイ・レイシェルがミュージアム・ディレクターとして着任した。ケアリイがプロのシンガーとしてデビューするより前のことだ。

「ずっと放置されていたから、建物の中も外もボロボロだったんだよ。友人と一緒に床を直し、壁を補強し、ペンキを塗り、そして、この庭を造園していったんだ」とケアリイは言った。

「あのウルの樹が素晴らしいですね」

「そうだろう！　あのウルは、初めこんなに小さかったんだよ（と言って彼は、自分の膝より下の辺りを指し示した）。それがぐんぐん成長して、今ではこんなに大きくなった。庭を造ることになったとき、ぼくは、ウルの樹を中心にデザインを考えたんだ。この樹が大きくなって、今やっと庭がほんとうに完成したような気がするよ。ウルには、〝成長〟という意味があるからね。このミュージアムとともにいろんなものが成長してほしい、という願いを込めたんだ」

ウル。「成長」という意味がある樹木だということを、そのとき僕は知った。

そしてあのとき、ケアリイ・レイシェルが造園した庭の片隅で、ケアリイの言葉に耳を傾けながら、自分の中で何かが大きく変わろうとしているのを僕は強く感じていた。

ウルだけじゃない、もっといろんなことを知りたい、と強く感じた。ハワイの文化、歴史について、ハワイの花や草木について、島々に伝わる神話、土地の名の意味について、それぞれの島の物語を、あらゆる町や場所を、歌や踊りが意味することを、レイの編み方を、僕はもっともっと知りたい。そう心から思い始めた瞬間だったように思う。

細かな雨が降るあの日のワイルクで、自分の中のスイッチがカチッと入ったのだ。それ以前に何度もハワイへ旅していたが、あの日、僕にとっての「本格的なハワイ諸島への旅」が始まったのではないかと今では考えている。

だからマウイは、僕のこれまでの人生にとっても、重要な場所なのだ。

「ぼくは、あの道をちょっと下ったところにあるワイルク病院で産まれたんだ。この島では、だいたい誰もが一度はあそこで産まれることになっているんだけれどね」

そう言ってケアリイはいたずらっ子のように笑った。彼はストーリーテラーだ。こちらが質問するまでもなく、「自分の物語」を語り聞かせてくれる。

「ぼくはワイルクで生まれ、親の仕事の関係でラハイナへ引っ越して、その後、祖父母が暮らしていたパイーアに移った。ぼくは、二つの異なる世界で育ったんだ。観光地ラハイナでは、ドイツ移民の父親のもとで厳しく育てられた少年時代があった。母はピュア・ハワイアンなんだけれど、白人の父親の生き方はキリスト教的ヨーロピアンだった。父とはまったくウマが合わなかった。やがてパイーアに移り住み、ハワイアンのおばあちゃんのところで、サーファーに囲まれて過ごした幸せな青春時代があった。祖母の大きな家は海の目の前にあり、毎日泳いで過ごしていたよ。ラハイナもパイーアも大好きだし、どちらも素晴らしい場所だ。時間が経って思い出になると、すべて〝良き場所〟になるんだろうね」

子供の頃から歌っていたんですか、と僕は訊いた。

「ハイスクールに入るまで、真面目に歌ったことなんてなかったよ。ラハイナのハイスクールにフラやハワイ文化を教えるクラブがあってね、そこに入ったのが歌を始めたきっかけだった。十四歳のときだよ。でも、歌も踊りも下手くそで、最低の生徒だった。担当の教師はわざとぼくの衣装を忘れて、ぼくに踊らせないようにしたんだ。ひどいよね。

だからぼくはイヤになってそこをやめて、やがてワイルクに住むクム・フラのところに学びに行くようになった。彼女の家に二年間通い、フラやチャントを基礎から学んだんだ。フラに、どんどんのめり込んでいった」

祖父母やお母さんはピュア・ハワイアンということですが、家ではハワイ語を喋っていたんですか、と訊いてみた。

「当時、ハワイ語を学んでいる人はかなり少なかった。ぼくの家では、父親が先住民文化を嫌悪していたから、フラを習うなんて御法度だった。あるとき父からこう言われたんだ、『この家に住むか、フラをやるため出ていくか、どっちだ？』。それでぼくは家を出たんだ。十七のときだよ。

一九六〇年代に〝ハワイ語を学びたい〟なんていうヤツは、変わり者でしかなかった。母親は〝自分はハワイ人ではない〟と宣言して、社会に溶け込まなくちゃならなかった。そういう時代だったんだ。

一九七〇年代初頭にギャビー・パヒヌイがあのアルバムを出して、ハワイアン・ルネサンスが起きて、その後、いろんなタイプのアイランド・ミュージックが生まれた。人々は次第にハワイ固有の文化について考え、語るようになっていった。ぼくが家族と和解したのも、七〇年代半ばを過ぎてからのことだった」

日本のアイヌやカナダの先住民、オーストラリアのアボリジニらと同じように、ハワイ先住民もかつて同和教育を強制的に受けさせられ、学校はもちろん、パブリックの場でもハワイ語を喋ることを禁じられていた。ケアリイの母親はそんな時代のまっただ中に生きて、白人の軍人の男と結婚したハワイ人だった。彼女はきっと、自分のルーツと、アメリカ社会との狭間で苦労しただろう。現在ハワイ州は、「ハワイ語と英語、二つの言語が公用語」である。アメリカ合州国で、二つの言語を公用語としている州はとても珍しい。ハワイでは、空港はじめパブリックの場所で流れる公的なアナウンスは、最初にハワイ語で、次に英語で語られる。ハワイ語をメインで使うローカルラジオ番組もある。

ケアリイは幼い頃、仕事で父親が家にいないときに、母と祖母が英語ではない言葉で会話をしているのを聞いて、驚きつつ、「自分のルーツに強い興味を持った」という。その後、パイーアの海辺の家で祖母と二人きりになると、「おばあちゃんからハワイ語を教えてもらったんだ」と言った。

「ぼくは一度も歌手になろうなんて考えたことはなかったし、誰かにフラを教えるようになるなんて夢にも思っていなかった。ぼくはただ、自分の運命に従って生きていただけなんだ。だって、運命に逆らおうとしても無駄だからね。波乗りと同じで、大いなる自然に立ち向かっても勝てやしないよ。大切なのは自然に寄り添い、自然の声に耳を傾けることだ。

ぼくが歌よりもチャント（詠唱）を好むのは、古い人々によって詠われたチャントが、〝正しい知恵〟を与えてくれるからなんだ。チャントをすることで、自分の血の中に生きているハワイ人としての魂が呼び覚まされるんだよ」

いつしか雨はやんでいて、雲間から太陽の光が射していた。ケアリイのポートレイトを撮り、貴重な話を聞かせてくれた礼をもう一度伝えた。いつの間にかフレッドが庭に戻ってきていた。僕はフレッドにも礼を伝えた。「いい話が聞けたかい？」と彼は僕に訊いた。僕はすごく感動していたから、ただ無言でうんうんと頷くだけだった。

ケアリイは、「楽しかったよ。また話そう」と言ってくれた（そしてそれは現実となる。僕はそれから何度もケアリイに会い、何度も話を聞くことになるのだが、このときはまだそれを知らない）。

僕が「これからハナへ行く」と伝えると、ケアリイはこう言った。

「ハナは特別な場所だよ。きっと君は大好きになるだろう。美しくて、静かで、懐かしいハワイを感じられる数少ない場所のひとつだ。でも、初めてなら着くのに時間がかかるだろうから、早く出た方がいい。運転には充分気をつけるんだよ、そして、必ず暗くなる前にハナに着くようにね」

今では、ハナ・ハイウェイもずいぶんきれいになり、走りやすく整備され、カフルイから何時間もかからずにハナに到着できる。でも、初めてハナへ向かったあの日は、途中で滝の写真を撮ったり、小さな半島のタロイモ水田を見に行ったり、僕は何度も車を停めて寄り道をした。おまけに、前日までの大雨で、途中土砂崩れが起きていて、車両通行止めの区間があり、結局ハナに到着したのは、日暮れの頃だった。予約しておいた小さなベッド＆ブレックファーストの宿にチェックインすると、すっかり夜になっていた。辺りは暗く、レストランはもちろん、店などなさそうだったから、その夜僕は、バッグに入れていたコーンチップス（大袋）の残りを食べて、お腹をすかせたまま就寝した。ハナの夜はワイキキとは異なり、真っ暗で、星が美しかった。

翌朝早く目覚め、外に出て、瑞々しい緑にあふれたハナの村を初めて太陽の光の下で見た。朝陽に輝くハナは、僕がそれまで見てきたハワイのどことも違っていた。ケアリイが「特別な場所」と言っていた理由を、早くも感じていた。

ギャビーの愛したハナ

「ハナの村から、三六号線をずっと戻っておいで。そう、カフルイ方面へ向かってね。十分くらいで、ハナ・ガーデンランドの看板が現れるから、そこを左に入るんだ。山への上り道だよ。デッドエンドに、〝KAPU（カプー）〟という表札のかかった門がある。それが、私の農場への入り口だよ。門は開けておくからね。そこから入って、ダートの山道をちょっと上れば、突き当たりにパニーニ・レコードがある。緑色のとっても小さな家だけど、辺りには何もないから迷うことはないよ。君の車は４ＷＤかい？　じゃあ、絶対大丈夫だ。ＯＫ。それじゃあ、午後一時に。君が来るのを楽しみに待っているよ」

ワイルクでケアリイと会った翌日、僕は、伝説のパニーニ・レコードの現オフィスがあるハナの森の中へとジープ・ラングラーを走らせた。伝説の音楽プロデューサー、スティーヴ・ジークフリードはもう二〇年近くそこに暮らしている。今朝、公衆電話から彼に電話をかけ、パニーニ・レコードへの道順を聞いた。

エディ・カマエをリーダーに作られた名盤『SONS OF HAWAII』。ギャビー・パヒヌイの名を世界に轟かせた「ブラウン・ギャビー・アルバム」こと『Gabby』。この二つのアルバムが、「ハワイアン・ルネサンス」の発火点だった。この二枚がなければ、その後のフラブームはないし、ハワイアン・ミュージックのシーンはまったく異なる道を歩んでいただろう。

一九七〇年代初頭、二〇歳そこそこのスティーヴが、ハワイ音楽の「レジェンド」たちのアルバムをプロデュースしていなければ、ライ・クーダーの『チキン・スキン・ミュージック』も生まれなかっただろう。

スティーヴ・ジークフリードは、ハワイの音楽シーンを語る上で欠かすことのできない人物だ。ギャビー亡き今、ギャビーを語ることができる唯一の人物でもある。数々の伝説の記憶を、彼は心に持っているはず。

僕は、ハナの森の奥に暮らすその男に会いに行った。


森の中の緑の小屋はすぐにわかった。小屋の前にラブラドール・レトリバー、マスティフ、二匹の大型犬がいてこっちを見ていた。僕は車から降りると、使い慣れたローライ・フレックスを首からかけ、小屋の方に少し近づいてから立ち止まり、上からレンズをのぞいた。そして、二匹の犬を入れて小屋の写真を撮った。

スティーヴはきっと、エンジンの音で僕が到着したと気づいているはずだ。初めて会うのだからすぐ挨拶しに行くのが定石だとわかっていたが、辺りの景色があまりにも素晴らしくて、写真を撮らずにはいられなかった。のんびりくつろぐ犬たちと、パニーニ・レコードの緑の小屋、周りには熱帯の草花、樹木。ハナの魔法がここにもあると思った。なんて美しいところだろう。

僕は小屋の写真、周囲の森の写真、犬たちのポートレイトなどを撮り、十二枚撮りのフィルムを巻き取ると、新しいフィルムを入れた。ローライ・フレックスをバッグにしまい、今度はライカのM6を手にして、同じように辺りの景色を何枚か撮った。それで満足して振り向くと、小屋のラナイに白人の男が笑顔を浮かべて立っていた。彼がスティーヴだ。僕が軽く右腕を上げると、彼は言った。「いい写真が撮れたかい?」。

僕はサムズアップしながらゆっくり彼のいる方へ近づいていったが、レトリバーが足下にやって来たので、そこでまた立ち止まり、座り込んで、アゴの下を撫でてやった。僕はスティーヴの方に顔を上げて詫びた。

「すいません、あまりに気持ち良くて、景色も美しいから写真を撮っていました」

「かまわないさ、時間だけはたっぷりあるからね」

そして僕は、ハナへ初めて来たこと、昨日着いたばかりだが、もうすっかりハナを大好きになってしまったことを、スティーヴに伝えた。

「ギャビーもハナを愛していたんだよ」とスティーヴは言った。

「一九七〇年代の初め頃、私たちはギャビーを連れてよくハナに来ていたんだ。今もハナは村というよりも集落だけれど、当時この辺りはもっと田舎だった。通りに灯りがなかったから、夜は真っ暗だった。昨日君が走ってきた道だって、途中からは未舗装だった。だから雨がたっぷり降った後は、ハナまで辿り着くことができないこともあった。村のメインストリートだって土の道だったんだ。ギャビーと一緒にやって来ると、知り合いの家に行って、庭で焚き火をしてビールを飲んで、そのうちギャビーはギターを弾いて歌っていたよ」

その景色を見てみたかった。ギャビーが庭で『Hi'ilawe(ヒイラヴェ)』や『Leahi(レアヒ)』を歌っているハナの夕暮れを想像した。

それから僕は立ち上がり、やっとスティーヴの目の前に立つと頭を下げて挨拶し、こうやって時間を作って会ってくれたことに対して丁寧に礼を述べた。

「こんなところまで、よく来たね」とスティーヴは言って、僕を小屋の中へ招き入れてくれた。壁に飾られた『SONS OF HAWAII』、『Gabby』がすぐ目に飛び込んできた。

「それで君は、ハワイの音楽が好きなんだね？」とスティーヴが僕に訊いた。

「昨日はワイルクでケアリイ・レイシェルに会っていました。先週はワイキキで、マカナ、ロビ・カハカラウに話を聞きました。ハワイのキーホーアル（スラック・キー・ギター）が好きで、ナナクリのレイ・カーネさんの家には何度かお邪魔し、奥さんのイローディアさんも一緒に、いろんな話を聞きました。今回の旅では、ハナの後はハワイ島ヒロへ移動して、メリー・モナーク・フェスティバルを取材します」

僕は自分が「ほんとうに」ハワイのローカル・ミュージックが好きなんだと彼に伝えた。そして言った。「ギャビーの話を聞かせてください」。


「私が、パニーニ・レコードをスタートさせたのは一九七〇年で、当時二〇歳そこそこの若造だった。私と二人のパートナーと、三人で始めたんだ。当時私はまだ大学生だったんだが、〝ハワイの音楽ビジネスをやりたい〟と真剣に考えていた。

幼い頃、うちには毎週のようにハワイのミュージシャンが来ていた。両親が音楽好きだったから、ローカル・ミュージシャンを招いて、家の庭でバーベキューしたりね。彼らがギターを弾いて、一緒に歌った。だから私は、子供の頃からハワイのトラディショナルな音楽に親しんでいたし、すごく好きだったわけさ。六〇年代、ハイスクールにいた頃、周りはみんなジミ・ヘンドリックスとかドアーズとか、そんな時代だったよ。ところが私はそっちじゃなくて、ずっとハワイの音楽ばかり聴き続けていたんだ。

私は大学へ通いながら、当時アラモアナにあった『ハウス・オブ・ミュージック』っていう音楽ショップでアルバイトを始めた。店員にリディア・ルーダンという女性がいたんだが、彼女は私がエディ・カマエやギャビー・パヒヌイの古いレコードばかりあさっていたもんだから、エディはよくこの店に来るのよって教えてくれて、それでとうとうほんとうにエディがやって来ると、彼女が彼を紹介してくれたのさ！　そう、最初はエディだった。私は自分がどれくらいギャビーの音楽を愛しているか、尊敬しているか、熱く語り、それでエディは私にギャビーを紹介してくれたんだ。

七〇年当時、ハワイアン・ミュージックなんて死んだも同然だった。ハワイアン・ミュージックは、古くさい懐メロにしか過ぎなかったんだ。だが、私には夢があった。それは、再び真に偉大なハワイアン・ミュージックを世に出すってことだ。

その頃リリースされていたハワイアンのアルバムと言えば、ロサンゼルスやニューヨークから遊び半分でやって来た鼻持ちならないプロデューサーたちが、こっちの貧乏ミュージシャンをスタジオに呼びつけて、数時間演奏させて、微々たるお金を彼らに支払い、さぁ、おしまい、帰れっていう感じだったんだ。それで好きなようにレコードを出していた。ひどいレコーディングにひどい扱い、ゼロ・コンセプト。そういう出来事がずっと続いていたから、ハワイのローカル・ミュージシャンたちはものすごく傷ついていたし、ハワイのレコードのレベルが、底辺に落ちてしまったように感じていた。

ハウス・オブ・ミュージックで出会ったエディに私は言ったんだ。『本気で素晴らしいアルバムを作りたいんです！』ってね。

それでエディが、ギャビー、ジョー・マーシャル、デイヴィッド・ロジャース、モエ・ケアレらに声をかけて、一九七一年、ついに『SONS OF HAWAII』を出すことになった。これが、我がパニーニ・レコードの記念すべき最初のアルバムさ。私と仲間たちは、これをきちんとしたビジネスにしたいと考えていた。ハワイのミュージシャンたちに正当なお金を払いたかった。同時に、たくさんの人々にこのアルバムを聴いてもらいたかった。

いろんなことがうまく繋がり、結局このアルバムは当時のハワイでビッグセールスを記録したんだよ。それで、翌年、七二年だ、あの『ブラウン・ギャビー・アルバム』（『Gabby』）をリリースしたというわけさ。『SONS OF HAWAII』は素晴らしいアルバムだが、あれはエディのリーダー作だよね。私にとってはギャビーこそがレジェンドだったから、とにかくギャビーのアルバムを作りたかったんだ」

そして、ハワイアン・ルネサンスが沸き起こった。

『ブラウン・ギャビー・アルバム』と呼ばれる『Gabby』は、ハワイの特に先住民系の人たちに大きな驚きをもたらしたという。ハワイ人たちはやっと気づいたのだ、「こんな素晴らしい音楽が俺たちにはあったんだ」と。ハワイ人たちは、これまで自分たちがトラディショナル・ミュージックや、ハワイ語で歌われる歌を、いかにないがしろにしていたかに気づき、深く反省し、そして「ハワイの伝統文化を復興させよう！」というムーブメントが始まっていったのだとスティーヴは語った。やがてそれは、ハワイ諸島全体を巻き込んだ巨大なうねりになっていった。

「伝統文化をリスペクトする今のハワイの姿があるのは、全部あのアルバムのおかげなんだよ。

ギャビーは、まさにひと晩で〝最も有名なハワイ人〟になったんだ」とスティーヴは言った。

「ギャビーはどんな男だったんですか？」

「ギャビーは……、彼はずっとレジェンド、伝説だった。彼は特別だったよ、最初から最後までね。

ギャビーはめちゃくちゃいい加減な男で、たとえばどこかでパーティがあって、招待されてもいないのに突然現れたと思ったら、ものすごい演奏を一時間やらかしたり、次は招待されているのにすっぽかしてね。一事が万事そんな調子だったんだよ。人々はギャビーのことをものすごく愛していたし、と同時に特別な見方をしていたよね。あまりに個性的だったからね。

彼は、相手が誰だろうと真実しか見ないんだ。相手の階級とか、そいつが金を持っているとか、そういうのは関係ないし、相手がどんなお偉いさんでも頭ひとつ下げなかった。まぁ、そんな性格が災いして、長く表舞台に立てなかったんだろうね。

ギャビーは、真にフリースピリットな人間だったのさ。彼はいつもギャビーだった。ほんとうの意味でダウン・トゥ・アースな人間だったんだ。そして、常にオープンな男だった。音楽的にも何か新しいことを始めるのをまったく嫌がらなかったし、むしろ楽しんで、喜んで受け入れていた。当時、彼と同世代のハワイ人でビートルズを聴いていたミュージシャンは少数派だったけれど、ギャビーにビートルズを聴かせたら、もう夢中になって、真似して弾いていたよ」

それから僕は、ライ・クーダーとギャビーとの出会いについて、スティーヴに訊いてみた。

「ライの奥さんのスージーがたまたまバカンスでハワイに来ていてね。で、ライへのお土産に『Gabby』を買って帰ったんだ。ライはそのレコードを何の気なしに聴いて、まさに〝ぶっ飛んだ〟ってわけさ。当時、アメリカ本土でギャビーはまったく無名だったからね。ハワイアン・スラック・キー・ギターのこともライは知らなかった。

即座にライはハリウッドのエージェントを通してパニーニ・レコードにコンタクトしてきたんだけど、私の方も『ライ・クーダー、誰？』っていう感じだったからさ（笑）。

ギャビーが『でも、会いたいっていうなら、会えばいいじゃないか』って言ってきてね。それで、私やギャビーはライからハリウッドに招かれて、最初は向こうで会ったんだよ。

ライはギャビーのギター演奏を見るや、瞬時にこれはスゴイ！ってなって、それで、その後すぐライはハワイへやって来たんだ。オアフ島のイーストサイド、ワイマナロのギャビーの家にみんなで集まり、セッションが始まったのさ。もう毎日毎日、アタ・アイザックスやギャビーの息子たちも一緒になって、ライはみんなとギターを奏で続けていた。

でもね、ライも最初はすごくびっくりしていたんだよ。だって、ギャビーの手の動きを真似して弾いても、音がぜんぜん違うんだからね。ハワイアン・スラック・キーのオープン・チューニングに出合ったのが初めてだったからね。しかもハワイでは、スラック・キーのチューニングは十人十色で、みんながみんな違う。だが、ライは興味津々だし、どん欲な素晴らしい生徒だったから、ギャビーが弾いているのをただじっと何時間も見続けて、目と耳とで覚えていくんだ。ほんとうに楽しそうだったなぁ！

ギャビーとライは素晴らしい音楽仲間だった。ギャビーが亡くなってからも、ライはことあるごとにこう言っていたよ。『ギャビーとの出会いがなかったら、今の自分はない』ってね。そう、ギャビーは、ライに多大な影響を与えたんだ。ギャビーから直接学んだスラック・キーのいくつかのフレーズを、ライは、今もいろいろなアルバムで使っているよ。ライはあの後、アフリカやインド、キューバなどへ行き、現地の音楽家たちとセッションしているよね。そんなライのルーツ・ミュージックを巡る旅は、すべてギャビーとの出会いから始まったんだ。『チキン・スキン・ミュージック』は、ライにとっての〝音楽巡礼の旅〟の原点なんだよ」

マウイ島ハナの森の奥にある、スティーヴの緑の小屋のラナイには、心地良い山の風が流れていた。スティーヴの足下でごろんとなってうたた寝している二匹の犬たち。

スティーヴと僕は、ラナイのベンチに腰かけていた。スティーヴにたくさんの訊きたいことがあってハナまでやって来たのに、そのラナイに座っていると、あまりにも風が気持ち良くて、鳥の声が心地良くて、喋るのも訊くのも億劫になってしまう。何も吸っていないのに、僕はすっかりストーンしているようだった。スティーヴはこちらのそんな気持ちをわかるのか、にこにこしながら、こう繰り返した。

「ここは、素晴らしいだろう?」

それはなんだか、「君もハナに暮らせばいいのに」と言われているような感じでもあった。

昨日初めてマウイ島にやって来て、ハナに滞在してまだ一日半しか経っていないのに、なんだか僕は、もうずっと昔からハナを知っているような気持ちになっていた。懐かしい感覚、郷愁を、知ったばかりのハナに対してもう抱いているのだった。スティーヴは、僕のそんな心を読み通すようにこう語った。

「私は、一九七六年にマウイに引っ越してきて、以来ずっとハナにいる。ホノルルで音楽ビジネスが軌道に乗っていたから、最初私がハナへ引っ越すと言ったとき、みんなは言ったものさ。『あんな何もないところに？　おまえ、馬鹿じゃないのか』ってね。今はインターネットとEメールが使えれば、ビジネスはどこでもできるし、ここにいてほんとうに良かったと思っているよ。一九八三年にフラワービジネスを始めたんだけど、タイミングが良かったんだろうね。アメリカ本土の人も世界中の人もハワイのトロピカル・フラワーを欲しがっているから、仕事は大成功さ」

七〇年代に起こったハワイアン・ルネサンスは、ハワイの伝統文化や音楽を復興させたものの、スティーヴの故郷、ホノルルの雰囲気を急激に変えてしまったという。大好きなミュージック・ビジネスの第一線から退いてマウイ島のハナという、ものすごい田舎の村へやって来た最大の理由はそこにあったとスティーヴは語った。

「ホノルルが変わっていく様子を目にするのはショックだった。私が十代の頃、ホノルルはとってもメロウでリラックスした、それは素敵な街だったんだ。それが七〇年代半ばから急激に変わり始め、大好きだったあのフィーリングがすっかり消えてしまった。だから私はホノルルを離れて、マウイへ来た。ハナへ移住したことは、私のこれまでの人生の中で一番素晴らしい自分自身の選択だったと思っているよ」

スティーヴへのインタビューの後、さらに二日間、僕はハナで過ごした。用事は終わっていたが、離れがたかったし、ハワイ島ヒロでメリーモナークが始まるまで、まだ数日あったからだ。ずっと自分は、カウアイ島こそ、ハワイ諸島で一番好きな島だと思っていた。それまで何度も何度もカウアイに行っていた。

だが今、僕にはマウイ島ハナがある。ハナはなんて美しい村なんだろう。離れがたい、去りたくない、と心から思うのだった。マウイ島がどんどん自分に近づいている気がしていた。ケアリイと出逢い、スティーヴからギャビーの物語を聞いて、僕はマウイが自分に繋がるのを感じていた。


これはもう二十年以上前の話だ。僕の初めてのマウイ島への旅。

僕は今も、マウイ島へ行くと、用事があってもなくても、一度はハナへと車を走らせる。二晩でも、一晩でも、日帰りでも。もちろん、できるだけ長く滞在するのがいい。

チャールズ・リンドバーグとアン・モロウ・リンドバーグの二人も、ハナを大好きだった。アン・モロウは文章の中でハナの海辺について書いているし、チャールズの墓はハナにある。

もちろん今では、マウイ島各地に大好きな場所がある。マカワオには定宿があるし、クラにはお気に入りのプレートランチを出す店がある。秘境と呼ばれるカハクロアのタロイモ水田や小さな湾の美しさ、パイーアのレイドバックした空気、ホオキパの海と波、ハレアカラのサンセット。そして、容赦なく太陽が照りつけるラハイナ。すべて、大好きなマウイだ。

マウイ島へ飛ぶとき、僕は飛行機の窓辺の座席を予約する。その小さな窓から、すぐ横に、雄大なハレアカラを望めるからだ。

そして機体は、左右にぐらぐらと揺れながらカフルイ空港へと降りていく。アロハ航空からハワイアン航空に変わっても、ケアリイが教えてくれた強い風の通り道は、今も変わらない。

CHEESE BURGER
I·N·P·A·R·A·D·I·S·E

HASEGAWA
GENERAL STORE
ENTRANCE

マウイ島ワイルクのベイリー・ハウス博物館の庭にあったウルは、その後切られてしまった。成長力がすごいウルはとても大きく育ち、地中の根が広範囲に広がり博物館の建物の床を突き抜けてしまい、やむにやまれず切ることになった。Things change、あらゆる物事、森羅万象に永遠はないのだ。

p084 上　サトウキビ畑に囲まれて、風を感じながら、ハレアカラへ向かって走る。
p084 下　ラハイナに滞在中、毎日のように朝ごはんを食べに行った。名店。復活してほしい。
p085 上　ラハイナのサンセット・サーファー、海峡の向こうにラナイ島。これが日常の風景だった。
p085 下　秘境と呼ばれるカハクロア、海沿いの橋の上。
p086　マウイ島の定宿、マカワオにあるベッド&ブレックファーストの庭。
p088　ハナのオアシス、「ハセガワ・ジェネラルストア」。6パックとスパムむすびを買う。
p089　ハナ湾。昼寝もできるし、宿題もここで。
p090　カハクロアの屋台のような小屋。最高に美味しいバナナブレッドがたまに並ぶ。

今井栄一（いまい・えいいち）

フリーランス・ライター&エディター。旅や人をテーマに国内外を旅し、執筆、撮影、編集、企画立案、番組制作・構成などを手がける。著書に『雨と虹と、旅々ハワイ』（スペースシャワーネットワーク）、『HAWAII Travel hints 100』『世界の美しい書店』（ともに宝島社）他。訳書に『ビート・ジェネレーション〜ジャック・ケルアックと旅するニューヨーク』（スペースシャワーネットワーク）など。

ラハイナ浄土院日記

岩根 愛

「すぐ帰ってくるつもりで避難したので、何も持ってこなかったのですが、二、三日経って、ポケットにこの鍵があることに気がついたのです」

ラハイナ浄土院の原源照師はそう言って、小さな鍵を握りしめた。

渚の寺院

曲がる角を間違えて、だいぶ手前でフロントストリートに入ってしまった。レストランや土産店が狭い道路に並び、歩道におさまらない観光客が車道にあふれでてくる。賑やかなこの通りを抜け出すにはしばらくかかる。海を左に、アウトレットショップを過ぎると人通りは少なくなる。Jesus Coming Soonの青い看板を左に曲がると、ビーチに突き当たる。海水浴に来たたくさんの車が停まっている。

砂浜の共同墓地には、「無名氏」とある墓石が並んでいるのが目を引く。中国移民の墓石だ。その周りに日系移民の墓石がある。墓地の半分が砂に埋もれてしまったのは、奥に船着場が建設され、このあたりの潮流が変わったからだ。船着場の桟橋は一九九二年のハリケーン・イニキで破壊され、入り口はフェンスで閉じられている。かつては今の倍は長かったこの桟橋から、たくさんの兵士たちが第二次世界大戦の戦地に向かった。

墓地の向かいにラハイナ浄土院の三重塔が見える。

一九一二年、日系移民が開寺したラハイナ浄土院には、ハワイ州にある寺院の中で唯一、大佛像がある。本堂の脇を進めば大きなラナイ（テラス）があり、目の前に海が広がる。正面にラナイ島、右手にモロカイ島を望む。

ラハイナのプウノア岬に建つこのお寺は、一九八三年、倉本聰脚本、実相寺昭雄監督のテレビドラマ『波の盆』の舞台となった。笠智衆演じる日系一世のもとに、勘当した息子の娘、石田えり演じる孫が、新婚の夫とハネムーンにやってくる。ドラマはこの寺の盆踊り、ボンダンスでクライマックスを迎える。盆の法要のあと、故人の名や追憶の想いが描かれた灯籠を海に流し、太鼓の演奏と、ボンダンスが始まる。

ラハイナ浄土院のボンダンスは、日系人や仏教徒に限らず、マウイの誰もが楽しみにしている夏の風物詩である。

二〇一一年七月、初めてラハイナ浄土院のボンダンスを訪ねた朝、朝六時にお寺に行くと、かまどには薪がくべられていて、もう何度目かのご飯が炊きあがっていた。「手伝いに来ました」と言うと、巻き寿司の手伝いをするように言われた。三〇〇本の巻き寿司を、夕方までにつくるという。

三つのかまどから、どんどん炊きあがるご飯をすし飯にして、ラナイに並んだ長机で女性たちが寿司を巻く。長いまま、切らずに半紙に包む。巨大な鍋を三人の男性が囲い、チャーファン(焼きそば)の麺を茹でている。チキンカツ弁当、漬物づくりなど、夜の法要が始まるまで作業は続く。境内ではブースのテントを建てたり、やぐらを準備したり。高齢のメンバーたちだけではとても人手が足りないので、ほかのお寺や地元の人たちがたくさん手伝いにくる。

@Stanley Jenco

日が暮れて、盆の法要が終わる頃、参観者たちはお寺の裏の海辺に集まる。本堂から、故人の名が書かれた灯籠を持った列が、大佛像にお参りし、海へ向かう。

ぼんやり光って浮き上がり、波の彼方に流れてゆく灯籠を見送ると、列は境内に戻り、輪になって、太鼓が鳴り、ボンダンスが始まる。

ボンダンスでは、日本各地の盆踊りの曲が流れる。踊りも多様で、手ぬぐいを使うもの、うちわを使うもの、盆踊りというよりラインダンスのようなもの……。それらすべてを踊りこなせることが格好いいことであり、若者たちこそが率先して、独特のかけ声を間《あい》の手に踊っている。踊りの輪は何重にもなり、やぐらの周りは熱気に包まれている。

ボンダンスを訪ねてハワイ各島を訪問するうち、私は、ここラハイナ浄土院開教使の原源照師、節子夫人と出会った。ハワイの人たちは、開教使が日本語教師を兼任していた習慣から、住職をセンセイ（先生）、と呼ぶ。

ラナイに座って、海を見ながら、原先生夫妻が見てきた日系移民たちのたくさんのストーリーを聞いていると、あっという間に時間が過ぎてしまう。

ゆっくりこのお寺で過ごしながら、ラハイナの日系人たちにインタビューがしたい、ここに滞在させてもらいながら、取材をしたいとの申し出を快諾していただき、何度かお邪魔させていただいている。


原先生は八代目の開教使で、一九六三年に日本からやってきた。御年八〇を超える先生は、お寺のメンバーだけでなく、マウイのコミュニティからも頼りにされている。節子夫人は、そんな先生を支え、いつも笑顔で、とてもチャーミングな人だ。おっとりとしている節子さんのことを、菩薩のようだと評した人もいるが、一九六八年の火事で本堂が焼けてしまった時、火の中に飛び込んで、御本尊阿弥陀さまを抱いて出てきたというエピソードの方が、節子さんがどんな人なのかを表しているだろう。

ふだんは、三女の弥生さんが二人を支えている。弥生さんがバケーションで留守にする間、私は弥生さんの部屋を借り、できることをお手伝いしながらお寺で生活した。それは「お寺の暮らし」だけではなく、ラハイナで移民が培った歴史と、日系一世が伝えた思いを尊重するコミュニティでの生き方を体験する日々だった。

お寺の一日

弥生さんの部屋はお堂の下にある。ドアを開けると、ラナイと海が見える。島の西にあるラハイナの朝は、少しひんやりとしている。朝六時前から、出勤前にひと波、サーフィンしている人たちがいる。ビーチに出るとトシさんがいた。九二歳のトシさんは、季節の花を持って毎朝ビーチにやってくる。ここに散骨したという、妻のマージさんを想い、花びらを海に浮かべる。そしてラナイのいちばん海側に座って、しばらく波をじっと眺めて、いつの間にかいなくなっている。

トシさんは、日系二世の志願兵で編制された戦闘部隊、第四四二部隊に所属していた。第四四二部隊の退役軍人たちは、多くを語らない。トシさんも無口だ。毎朝、補助器につかまりながらひょこひょこと歩いてくるトシさんが気になって、ラナイで待ち伏せしたが、笑顔の彼から引き出せる言葉はいつも同じだった。「ここにマージがいる」、「この裏に住んでいる」、「このあとマクドナルドにコーヒー飲みにいく」。私をコーヒーに誘っているのかどうか、判断がつかないぎりぎりの感じで言う。

七時半には、お堂から先生の唱えるお経が聞こえてくる。海に入ろうか迷っていると、上半身裸で赤い短パンの男性が近づいてきた。朝食の準備にキッチンに出てきた節子さんが、「あら、久しぶりね～」と彼に言った。タリバンという名のその男性は、節子さんに頼まれた荷物を運ぶとまたいなくなった。

フィリピンから来たタリバンは、向かいの墓地の住人だ。ほかにも何人か、墓地の奥にテントを建てたり、木陰に住処をつくって暮らしている。境内の芝刈りや水やり、庭掃除などを原夫妻に代わって用務員さんのように彼らがやり、その際にお寺のシャワーやトイレを使う。お寺の行事がある時は絶対に近づいてこない。食事を一緒にしようと言っても同じテーブルに並ぼうとはしない。遠慮をしているのではなく、独りでいるのが好きなのだ。

墓地に住んでいる、と言えば日本ではホームレスと呼ばれるだろう。太平洋に浮かぶこの島では、墓場で暮らしていても社会から孤立することはないように見える。タリバンには親戚がよく訪ねてくる。甥の誕生日パーティ、クリスマスパーティなどにしょっちゅう呼ばれて帰ってきては、フィリピンのお菓子、もらってきた野菜、釣ってきた魚などを持ってきてくれる。タリバンはすきっ歯で、女の子のような声をして、クリスチャンだから、先生をファーザー、大佛をロード・ブッダと呼んでいる。

午後はマンゴー取りをした。大佛の横にあるマンゴーの木は、ヘイデンマンゴーとスパニッシュマンゴーの掛け合わせで、そんなに大きくはならないが、こってりと甘い実をたくさんつける。棒の先に袋がついたシンプルな仕掛けのものでマンゴーをつっついて、袋の中に落とす。マンゴー取りには先客がいた。お寺のコテージに住むフィリピーノの母子だ。お寺の周りには数軒のコテージがあり、貸家にしていて、お寺の定期収入になっている。幸運にもこんな場所に住処を構えることができた人たちは長い間住人となるので、空き家となることはない。

このマンゴーはお寺の木だから取るな、とは先生は言わない。ただ母子の周りをうろうろしている。母親も少し後ろめたいのか、取ってあげる、と言ってひょいひょいと高いところに登り、こちらに渡してくる。すぐにバケツいっぱいとなった。

誰かがたわわなバナナを何房もつけた枝を持ってきてホールに置いていった。次に来た人たちがそこから少し持っていく。コミュニティスクエアのようなこのお寺には、メンバーや訪問客がやってきては帰り、お茶を出したりラナイでお話ししたりしているとあっという間に日が暮れる。

ラナイでの夕食は、毎晩壮大なショータイムのようだった。ラナイ島とモロカイ島のまんなかに太陽が沈んでいく。雲が動き、少しずつ変化する空のトーンをそのまま反射した波面には、シーズン最後の鯨がはねている。サンセットを見ながらの節子さんの美味しい料理は、ここでの滞在のいちばんの贅沢である。今夜は、ハンバーグ、ズッキーニのソテー、ポテト、むらさきキャベツのサラダ、とうふのみそ汁、豆ごはん。テーブルに並べていると、リタとラリーが海から上がってきた。彼らもコテージに住んでいる。ラリーがラナイの横を通りながら「Thank you for the beautiful day」と言った。こちらを向いていたけれど、私たちに言っているわけでもなく、目の前のすべてに、ありがとうと言っているようだった。こんなふうに、ラナイの前を通りながら、ありがとう、と言っていく人たちはほかにもいた。太陽があって、地球が動いて、浜辺では、すべてが日没の色に包まれていく。誰もが、そこから目が離せない。出てくる言葉は「ありがとう」、いつもここに座っている原夫妻の姿を見ると、その気持ちを言いたくなってしまうのだろうか。

「毎日、全部、違うのよねえ」空を見ながら、節子さんは毎晩同じことを言う。

暗くなるにつれて、サーファーたちも帰っていくが、二人だけが残って、もう波はほとんどないのに、名残惜しそうに「これで最後」、「これで最後」といった感じで順番に沖に出ていく。

「地球は丸いのよねえ。プカプカ浮かんだまま動いているのよねー」

毎夕、陽が消えてゆく位置が少しずつずれていって、やがて季節が変わる。


暗くなると、電灯の周りに羽アリが集まってきて、八時頃にいなくなる。

「愛さん、鐘を撞いてみますか」と言われ、先生についていく。

「正式なやり方ではありませんが、ここでは鐘は一回撞きます」と、先生がやり方を見せてくれる。撞木《しゅくもく》をゆっくり引いて放し、鐘を撞く。ごおーん、と大きな音が鐘から半球状に自分に向かってやってくる。音が通り過ぎたあと、残響が少しずつ弱まりながら、うわんうわんうわんわんわんわんわん……と、その円周を広げていく。もう一度鐘を撞く。次々とやってくる円状の音が重なり、私の外へ、内へと広がっていく。

午後八時の鐘のあと、先生たちは部屋へ戻る。誰もいなくなった庭に寝転ぶと、大佛の向こう側から、すぐ近くでやっているハワイアンディナーショー『ラハイナルアウ』の音楽の低音が、波の音に重なり、響く。三重塔のすぐ横に月がのぼる。

先生の一日

朝七時半、本堂と慰霊塔と大佛さまを回って朝の読経を済ませた先生は、ラナイの掃除を始める。ラナイでヨガのクラスがあるからと、ヨガの先生も早く来て掃除をするつもりでいるのに、お迎えするのだからと掃除をする。先生が掃除をしているところの横でご飯を食べるわけにもいかないのでお手伝いして朝食を済ませ、お堂の下にあるオフィスに行く。先生にはハワイ浄土宗総監としての仕事もたくさんあり、毎日たくさんのメールのやりとりがある。オフィスで仕事をしていると、観光客がやってきて、大佛について思いついたことを質問する。先生は資料を引っ張り出してていねいに説明して、さらにその資料をコピーしてあげる。仕事がひと段落して、やっとお昼、という時に、日本のテ

レビクルーたちがいきなり訪ねてきた。先生は大佛の前に連れていって、長いことお寺について説明していた。先生のお昼はすっかり冷めてしまった。

原先生はタリバンや墓の住人らのことを「自由に生きる幸運な人」と称する。「外の人から見たら、いいところに住んで素晴らしいと思うかもしれないが、やはりこちらはとらわれている。人は来る、電話は来る、海のそばにおっても、海に入ることはほとんどない。自由奔放な生き方をしている彼らは素晴らしいと思います」と。たしかに先生は忙しい。

午後、男性が先生を訪ねてきた。あまりこちらに目を合わせようとしない。先生と内緒話のように話したあと、掃除を始めた。彼は軽犯罪者で、コミュニティサービス刑を命じられてここに来た。このお寺は、州の法務省、家庭裁判所から依頼され、コミュニティサービス刑代行機関の登録をしている。この刑は、青少年の軽犯罪者に対し、所定の時間、一定の社会奉仕を実施させる刑務で、各施行代行機関がプログラムの実施を担当している。年間十数人ほど、こうした人がやってくるという。多い人だと六〇時間の刑務となり、一日二〜三時間やっても何日も付き合うこととなる。彼らの仕事の成果について裁判所に報告するのも先生の仕事だ。

その夜はレストランでディナーの約束があった。車に乗ろうとした時に電話が鳴る。電話に出た先生は前のめりになって真剣に訴えかけるように三〇分も話していた。やっと電話を終えて戻ってきた先生は、「いや、今から海へ飛び降りるって言うから……」と言った。電話の相手は先生の説得で家に帰ったらしい。ようやくディナーへ向かう。でもそんなにゆっくりはしていられない。八時の鐘を鳴らしに戻らなくてはならない。先生は、そうやって、一日じゅう誰かのために動いている。

節子さんのこと

節子さんは、お寺の奥さんとしてそんな先生を支えている。ちょうどいい温度のお茶、ちょうど食べきれるくらいのお菓子、ちょっとしたおつまみを絶妙なタイミングで出す節子さんのおもてなしを楽しみにお寺に来る人も多い。節子さんのお料理のすごいところは、美味しいだけでなく、何も無駄にしないところだ。

法要や法事の食事のあと、余ったものは皆で分ける。その時お寺にはいちばん多く分配される。ハワイの定番料理に、マックサラダという、マカロニやポテトをマヨネーズで和えた、サラダとは名ばかりの高カロリーの付け合わせがある。そんなにたくさん食べられるものではないからよく残る。大量のマックサラダを断れずにいただいてしまっても、節子さんは上手にアレンジする。翌日はそのまま食べられる。次の日、少し硬くなってしまったサラダに、節子さんはリンゴを薄切りにして混ぜた。その次の日、まだ残っていたマックサラダは、ふわふわの玉子の中に入ってオムレツとなった。買い物せず、捨てず、美味しくアレンジされて出てくるお料理のアイディアが、毎日楽しみだった。

一見控えめな節子さんだけれど、燃えさかる本堂に飛び込んだ彼女らしいエピソードがもう一つある。近くの高級ホテル、カパルアリゾートでのコンベンションで、依頼していた太鼓奏者が急病で来られなくなった、代わりに太鼓を演奏してもらえる人はいないだろうかとの緊急の電話がお寺にかかってきた。きっと日本のお寺に電話をすれば誰か知っていると思ったのだろう。先方は誰でもいいから来てほしい、と言う。先生も子供たちも尻込みする中、向こうも困っているだろうと、節子さんが「私がやる」と言って高校生の娘を助手に連れ、たすきがけの浴衣姿で馳せ参じた。太鼓なんて打ったことはなかったが、母娘必死になって聞き慣れた盆唄の曲を打っているうちに、いつしか観客は大盛り上がり、最後は拍手喝采で、どこのプロ奏者が来たのかと言われたそうだ。「あの時は本当に死にもの狂いだった」と笑って思い出を話してくれた。

御詠歌を歌う節子さんは腹の底から声を引き出し、まさしく歌を詠んでいる。先生も節子さんも、皆さんのおかげでこのお寺があるのです、といつも口にする。

一世の糸

何も無駄にしない節子さんは、どんなものでもなかなか捨てられない。一世たちと共に過ごした記憶がある人も少なくなってきたハワイで、すべての記録が大事だと考える原先生も、オフィスに積まれたどんな書類も捨てない。ホールには、いつから置いてあるのかわからないナゾなものがたくさんある。その一つが大きな糸玉だ。直径五〇センチほどのブルーの玉と、三〇センチほどの白い玉。お盆の前の大掃除の際、だいたい毎年、何を捨てるか、捨てないかで原先生と娘たちでちょっとした口論になる。そんな話の横で、節子さんは糸玉が議題に上がらないようそーっとどこかに持っていく。

糸玉をよく見ると、短い糸がたくさんの結び目でつながってできている。

「一世の皆さんがね、郵便小包を縛っていた紐を全部ほどいて、取っておいたのよ。こんな大きな玉になるまで。ものを大事にして、何も捨てなかったの。これは、私が受け継いだのよ」

節子さんと、節子さんが大切にする糸玉を写真に撮りたいと思い、ホールにちょっとしたセットをつくって撮影させてもらうことにした。布を敷いて、ライティングして、白いドレスを着てきれいにメイクしてきてくれた節子さんに、糸玉をからめるように並べていたら、海から上がってきた節子さんの孫たちがわーっとやってきて、糸で遊び始めた。この子たちに、この糸玉は受け継がれていくのだろうか。

〝おかげさまで〟の謎

第三日曜の朝、九時半から法要が始まる。

先生は、日系一世が伝えた〝おかげさまで〟という言葉について語った。貧しい暮らしの中でも生きていることのありがたさ、大きな感謝の意味と、仏陀の言葉の"Great Blessing"（大きな愛、慈悲）によって、私たちは生かされているとのお話だった。カフルイにある、日系二世退役軍人メモリアルセンターで発行している会報の名は、"OKAGESAMADE"という。下に小さく「Because of you I am」あなたがいて、私がいる、と書いてある。

ハワイにおける〝おかげさまで〟という言葉の意味が、私はかねてより気になっていた。

ホノルルの日本文化センターが発行する"KACHIKAN"というブックレットには、「孝行」「恩」「我慢」「頑張り」「仕方がない」「感謝」「忠義」「責任」「恥、誇り」「名誉」「義理」「犠牲」の言葉と意味が一ページずつ語られている。これらの言葉はセンターの常設展の入り口にも並んでいる。

カフルイで毎年九〇〇〇人もの人が集まるマウイ祭りの会場にも、このKACHIKANに収められた言葉ののぼりが飾られている。これらの言葉は〝おかげさまで〟と共に、日本の価値観を伝える言葉として、日本語を話すことができない現在の若者である日系四世、五世以降の世代に標語のように伝えられている。

法要が終わってラナイに集まり食事をする。皆が少しずつ持ち寄って、お寺ではご飯を炊く。アサエさんのなすの芥子漬けはとても美味しい。田坂さんは和菓子をつくるのが得意で、焼きまんじゅうを持ってきた。シンディのしょうゆチキンをメインに、チャーファン、おから、サラダ、たけのこご飯、きんぴら、ポイ（タロ芋を蒸してつぶしたもの）、デザートには四つに切ったマフィン。

このラナイのかまどは、度重なるサトウキビ農場のストライキの時に、賃金が入ってこなくて困っている労働者とその家族たちに食事を提供するスープキッチンとしてつくられた。単なる共同炊事、会食の場でなく、労働者が結束、団結し、目的に向かって前進するための場であったのである。

「一世の方がいた頃は、夜は時々、ラマラマといって、カンテラを頭につけて、腰に縄をつけ、獲物を入れるたらいを引っ張って、トーチライトフィッシングをする様を、ここで飲みながら皆で火をたいて待っていました。一時間もしないうちにたくさんお魚がきて、皆さんと食べて飲んだりしていました」と先生は昔をなつかしむ。「皆が集まり、ふるさとの言葉で話し、ふるさとの食べ物が食べられる、共通の民族意識のための場所がお寺でした。昔は純日本的で、日本語学校もやっていました。戦争の時、開教使などの指導者たちは、敵性外国人として捕らえられ、お寺も閉鎖しました。戦後、お寺が生き残っていくには、アメリカ的にならざるを得なくなり、宿命的に現在のハワイの仏教は変わっていきました」

たしかに本堂にはキリスト教の教会のように長椅子が並び、英語の仏教讃歌はまるで賛美歌のようだ。米国の日本仏教は広く受け容れられるために変容してきた。六〇年代、フラワーチルドレンたちが仏教哲学を一気にポピュラーにし、今では仏教学を教えない大学はない。ハワイ州では、クリスマスが聖日なのだからと、ブッダが生まれた日、花祭りも、州議会が"Buddha Day"として認定している。

フロントストリートのサトウキビ畑

法要が終わり、上野さん夫妻を車で送る。上野さんは、少年時代に日本で教育を受けた「帰米二世」で、それゆえ戦時には抑留の辛酸をなめた人である。ラハイナのメンバーの中でも数少なくなった日系二世だ。お寺のすぐ前の、開発予定の広大な空き地の前を通る時、上野さんがぽそっと言った。

「ここは全部、キビ畑でした」

その小さな声が時間を止め、車が背の高いサトウキビのトンネルに包まれた。真っ赤なシェーブアイスを食べながら歩いている少女がすれ違う。貿易風の影響で雨の少ない灼熱のラハイナで、背高く伸びて葉が尖ったサトウキビを切り、束ね、運ぶ労働を想像する。

仏教の教え

ラハイナ浄土院の大佛と鐘は、日本人ハワイ移民一〇〇年を記念し、実業家、大森正男氏と、日米の善意の人々の献身によって、一九六八年に奉安された。一世と二世の苦難を讃え、形にして遺したいとの人々の強い思いから実現したものであろう。

「やはりこのお寺の特別なところは、大佛さんという、目に見える存在が大きいと思います」と先生は言う。「浄土宗では指方立相《しほうりっそう》と言って、これは西方浄土、西に浄土があるということですが、阿弥陀さまは西でなくても、西へずっと行けば東に戻ってくるわけだし、本当の佛さまというのは、形でなく、大慈、大悲、のことなのです。大きな愛で包みとってくれる存在であり、Eternal truthのことです。それは抽象的な概念ではなく目に見える存在のことであり、お参りできる佛さまがあることが、仏教の伝統のない米国でもわかりやすいのだと思っています。ボンダンスがこれだけ大きくなったのも、大佛さんのおかげなのです」

ボンダンスに訪れる参観者は年々増え続け、コミュニティを潤す。コミュニティからお寺にたくさんのサポートが集まる。ラハイナのいくつかの老舗レストランからは、プレートディナーが何百食も提供され、オーナーが自ら販売し、売り上げをすべて寄付する。地元の消防団が警備し、救護室も提供する。臨時トイレや照明などもレンタル会社から無料で提供される。地域の神社のようだといったらわかりやすいだろうか。ラハイナ浄土院は、マウイのランドマークであり、ラハイナの住民すべてが氏子のように、名乗らずともそのメンバーであって、ボンダンスは、一つのお寺の行事を超えた、町をあげてのコミュニティ・イベントなのだ。

タコ仏陀

近くのミッションスクールのクラスに原夫妻が招かれ、お供した。アートを小学生に教えているトーマスが、クラスを連れてお寺を訪問した時の思い出をグラフィックにしたものを、原夫妻にプレゼンテーションしたいとのことだった。トーマスはよくお寺にやってきて、先生と宗教談義する。トーマスがあまりにも早口でまくしたてるので、先生はニコニコ笑いながら、「slow down、slow down」と言う。私を「隠し子です」と紹介したり、水を渡して「はい、holy water」などと冗談を言う先生は、いつもの先生とちょっと違って楽しそうだった。

トーマスのクラスは小さな小屋だった。コンピュータの前に並ぶ子供たちはとても可愛いが、物理の授業の一環で描いたという「宇宙」を説明するプレゼンテーションで、最後に、「このすべてを私たちの神がつくった」と言われると、ぎょっとしてしまう。

プレゼンテーションのメインは、仏教の「八正道」(The Eightfold Path)、聖書の「八福の教え」(The Eight Beatitudes)、老子の「八道」(The Eight Matters of Heart)、それぞれ八つの教えを、「タコ仏陀」「タコジーザス」「タコ老子」の足に描くというカオスなものだった。トーマスはキリスト教と仏教について先生と語り合い、八つの教えの共通点を見つけたのだそうだ。原先生曰く、鐘を一回撞くのは、最初の三回が「三宝」仏法僧、「八正道」の八回の一一回で、そんな話から、タコプロジェクトのアイディアを閃いたという。

「信ずるということは大切だが、信ずることで偏狭になってはいけない、組織ではなく、人間同士に根底をおいて、つながっていくべきだ」と先生は言う。だから個人的な友人のトーマスとの関係を、とても大事にしている。

正しいことは、一つだけではない。ハワイでは、相手の文化や宗教を尊重する人がとても多いように思う。それはきっと、他者を尊重し、圧倒的な自然に感謝する、ネイティブハワイアンの文化と、たくさんのバックグラウンドを持った移民たちが共に暮らす中で培われた知恵なのだろう。新興宗教もハワイでは盛んだし、家族の中に一人だけカルト信者がいたら、日本ではストレスになりそうだけれど、ここでは普通に受け容れられている。それぞれが信じるものを大事にしている。互いに自由を保証し合う。ハワイがとても居心地が良く感じられるのは、こういうことなのかもしれない。

多種多様なタコ仏陀のカオスなイラストを、原先生はうれしそうに眺めていた。

おかげさまで

仏教思想を表す言葉に共生（ともいき）co-livingがある。世界に存在するものすべては、お互いが生かし合っているという思想は、「おかげさまで」と通ずる。

ラハイナ浄土院近辺の住人たちは、仏教徒でなくとも、自然とその思想を分かち合い、お寺や原夫妻、メンバーたちを見守り、お互いの存在と、目の前の自然に感謝しながら暮らしているように見える。

サトウキビ畑はラハイナから消え、今日のハワイ日系人は、米国市民として豊かに暮らしている。歴史は目の前の大佛に息衝き、大佛のルーツに惹かれ、歴史が語られる。過去を知り、語り継ぐことで、「おかげさまで」今ここにこうして生きていられること、それが奇跡のようなことだと感謝している。

「一世が若いうちはがむしゃらに出稼ぎとして働いて、そんな言葉は出なかった、出せる余裕もなかったでしょう。年を重ねたあとに出てきた言葉だと思います。自分がどんな暮らしをしても子供はもっと幸せな暮らしを、とその先を考えていた。苦労した末の言葉が、『おかげさまで』だったのだと思います。この言葉の本当の意味は、もうハワイでしか使われていないでしょうね」

一世が伝えた「おかげさまで」は、今生きているもの同士のあなたと私だけでなく、自然の恵みがあって私があること、先祖のおかげで私があること、そしてすべてのことが同じように、大事な存在であること、と伝え継がれたのだ。

朝、早起きして海へ潜った。今日も忙しくなるし、泳ぐには朝しかないのだ。トシさんがラナイに座っている。タリバンが手を振っている。節子さんが朝食の準備にキッチンに出てきた。マンゴーはたくさんの実をつけている。パパイアも大きくなってきた。先生の読経が聞こえる。今日もたくさん人が来るだろう。プカプカと浮きながらお寺をながめる。

ラハイナ浄土院での滞在は、日系一世が伝えた「おかげさまで」を体感する日々だった。おかげさまです。ありがとう。

OFFERING

ラハイナ浄土院

LOWE'S

「思えば、持ち出したのはたった一つの、
焼けてしまった家の鍵。
もう無用であると、捨てようとしたのですが、
もう一度手に取り、見つめたら
この鍵は、これまでの我が人生の
こころの扉を開く鍵なのだと思い返し
捨てられず、持っているのです」

二〇二三年一〇月二七日　ラハイナ浄土院にて

『キプカへの旅』第3章　島日記 ラハイナ浄土院日記（太田出版、二〇一九）より 加筆修正

岩根 愛（いわね・あい）

写真家。1991年単身渡米、ペトロリアハイスクールに留学し、オフグリッド、自給自足の暮らしの中で学ぶ。帰国後、1996年より写真家として活動を始める。ハワイ移民を通じた福島とハワイの関わりをテーマに、2018年『KIPUKA』（青幻舎）を上梓、第44回木村伊兵衛写真賞、第44回伊奈信男賞受賞、第37回写真の町東川賞新人作家賞等受賞。離れた土地の見えないつながりを発見するフィールドワーク的活動を続ける。ドキュメンタリー映画『盆唄』（中江裕司監督作品、2018年）を企画、アソシエイト・プロデューサーを務める。作品集に『A NEW RIVER』（bookshop M）、著作に『キプカへの旅』（太田出版）、『ハワイ島のボンダンス』（福音館書店）など。

「移民の島」を旅する

平川 亨

私のマウイ島との出会い

マウイという島を知ったのは、1968年、ハワイ出身の高見山（ジェシー・クハウルア、1944〜）が大相撲の幕内に昇進して話題となったときだった。私はまだ小学生だったが彼のファンになり、本場所の放送で高見山が土俵に上がるとハワイ、マウイ島出身とアナウンスされるのを聞き、ハワイにマウイという島があることをはっきりと認識するようになったのだった。

ハワイに初めて行ったのは、それから十数年経った1980年代半ばごろ、ホノルルに数泊するだけのツアー旅行だった。2度目のハワイは、ネイバーアイランドに行こうとマウイ島を選んだ。その旅でも、カアナパリのリゾートホテルに宿泊し、シャトルバスでラハイナに行って、食事や買い物を楽しむだけの典型的な観光客のままだった。

そんなハワイの旅を何度かしたのだが、それが変わってきたのは、アンティークのハワイアナ・スーベニールやウクレレとの出会いだった。それらをコレクションしていくなかで、ハワイ文化にも興味を持つようになった。そのなかでも特にハワイ音楽に魅了され、ウクレレやスラックキー・ギターを弾き、ハワイの歌を歌うようになると、その歌詞にあるそれぞれの島のその場所に行きたくなってきた。そして私のハワイの旅は、レンタカーで島々を巡る旅に変わっていった。こうして私はハワイのもっと深いところへ入っていくようになった。

撮影の旅から日系人の足跡をたどる旅へ

2003年、特別な旅をした。ある広報誌の撮影のためにカメラマンと二人でマウイ島へ行くことになったのだ。その旅ではマウイをくまなく車で走り、ロードムービーを撮るように感じるまま、出会っていく風景や建物、人びとや行事を写真に収めていった。

空港に着いたらすぐにひと雨降ったが、ワイルクの町なかに入るころ、それは虹となって私たちを迎えてくれた。ワイルクの裏通りにある、日系人経営のオールド・ハワイなダイナー「テイスティ・クラスト」に行き、コリアンBBQプレートやサイミンで腹ごしらえ。多くの古代の戦士が眠るイアオバレーでは彼らの悪戯か、シャッターがなかなかうまく切れなかった。日系人商店が多く並ぶマーケット通りでは、朝早くからお店の前を掃く日系のおばあちゃん、ハワイアナなものの中に戦前の日本人移民が遺したものも売られていたアンティークショップ、戦前からある歴史的建造物のイアオ劇場、そして空き地では小さなファーマーズマーケット。なんとそこで1950～60年代に活躍した伝説のウクレレ・プレイヤー、ネルソン・ワイキキ（1932～2003）に会うことができた。ミュージックショップでは知る人ぞ知るマウイのスラックキー・ギタリスト、アンクル・ソルこと、ソロモン・カワイホア（1930～2007）のCDも購入することができ喜んでいたら、翌日、ベイリー・ハウス・ミュージアムで彼に会うこともできた！

パイアの海沿いにある曹洞宗満徳寺と日本人墓地を訪ね、そこからアップカントリーへ。マカワオのキタダ・カウカウコーナー（＊1）でサイミンを食べ、ハレアカラへと駆け上る。夕暮れが迫るときハレアカラの中腹で見た、雲間から大地に降り注ぐ黄金の光に感動し、しばらく涙が止まらなかった。

古びた町並みがあるマカワオでは、7月4日の独立記念日にロデオ大会があり、女性による競技も行われていた。通りではレイで飾られたカウボーイハットを被ったパニオロ（ハワイアン・カウボーイ）や、たくさんのレイとホロクで着飾ったホースレディたちのパレードが行われる。ロデオ大会は一見アメリカ文化への傾倒のように思われるが、ハワイにはアメリカ本土に劣らない牧場の歴史と技術、そして独自の文化がある。スラックキー・ギター奏法もその文化の一つだ。

クラからウルパラクアへ、そしてそこから南回りでハナへと車を走らせる。いくつものカーブがあるスリリングなハナ・ハイウェイも楽しいが、私は裏道のピイラニ・ハイウェイが開放感があって好きだ。ハレアカラから流れ出た溶岩の上のハイウェイが海の近くを走るようになると、道沿いに古代ハワイの宗教施設であるヘイアウを見つけることができ、海の向こうを見渡せばハワイ島コハラを望むことができる。海の事故で亡くなったひとを弔っているのか、ときおり十字架を見つける。人家がないところをしばらく走り、ようやくカウポのゼネラルストアに着きほっとする。ここで歌うのはやはり"Meka Nani A'o Kaupo"だ。「アロハが集まる教会」という素敵な名前のフイアロハ教会（1859年設立）、あの飛行家リンドバーグの墓があるパラパラ・ホオマウ教会（1864

＊1　2006年に惜しまれながら閉店した。

年設立）、水遊びが楽しいキパフルのセブン・プールズなどに立ち寄り、ハナ在住のミュージシャンのペケロ・コスマになった気分で"Koali"を歌いながらその名のついた牧場を過ぎればもうちょっとでハナに着く。

ヘブンリー・ハナと呼ばれるハナにはラグジュアリーなホテルもあるが、気軽に立ち寄れるハナ・ランチのレストランのto goのサイミンが小腹が空いた旅人を喜ばせてくれる。そのすぐ下にあるハセガワ・ゼネラルストアは、いろんなものが売られていて見るだけでも楽しいお店だ。この店を歌った有名な"Hasegawa General Store"を口ずさみながら店内を歩いたらもっと楽しいだろう。

東マウイから車を西マウイへと走らせる。旧都ラハイナにはカフルイから北回りで行くこともできる。その途中にあるカハクロアは大きな丘に挟まれた村で、谷底のような場所に古い小さな教会がある。ファルセットで有名なホオピイ・ブラザーズのリチャードもその保存に力を入れていると聞いていたが、あの教会は今どうなっているのだろうか。さらに車を西に走らせ、ホノコハウ、ホノルア、カアナパリを過ぎ、ラハイナに着く。

当時、ラハイナの観光用のサトウキビ列車の乗り場近くにピンクのフードトラックの弁当屋さんがあった。その店の日本人オーナーは実はスラックキー・ギターの名手で、彼に連れられてホノコハウの音楽仲間の家に行き、一緒にハワイ音楽を歌い奏でた。とても幸せな時間だった。

マカワオでロデオ大会やパレードがあるその週末、ラハイナ浄土院では先祖や死者の霊を弔うランタンフローティング（灯籠流し）やボンダンス（盆踊り）が行われる。海辺にある浄土院の隣には砂に埋もれるようにしてたくさんの日本人の墓があるが、そこも提灯などの盆飾りが飾られる。ボンダンスは日本人移民の子孫が先祖の霊を供養するものだけではなく、今や地域の住民の楽しみの場となっているが、それを支えているのは年配の日系人だった。この浄土院には、１９６８（昭和43）年にハワイ移民１００周年を記念して建立された大仏があり、また移民に関するドラマなどのロケ地となっており、移民の歴史を強く感じる場所だった。

この旅は、マウイという太平洋にある火山島の地形や植生、陽の光などだけではなく、雨さえも愛おしくなるような旅だった。最も私に強い印象を残したのは、それぞれの場所で生活しているさまざまな人びとだった。特に日系人と彼らの生活文化や宗教文化に強く惹かれた。

この旅のあとも毎年のように、ハワイの島々をレンタカーですみずまで巡る旅をしていった。そのような旅で出会うのはやはり、日本人移民の遺した仏教寺院や神社、そして日本人墓地とそこにある日本人移民の墓だった。そしていつしか私のハワイの旅は、日本人移民の足跡をたどる旅へと変わっていった。もちろん車の助手席には愛用のウクレレを置いていた。

これが高じて、２０１０年ごろから日本人移民、特に日本人墓地や日系宗教についての研究をするようになった。その研究のための旅で、私が特に参考にする二つの資料があった。一つは、明治22年、1889年に初めてハワイで仏教を布教した僧侶が記した『布哇《ハワイ》紀行』（1889年発行）である。その紀行文からは、日本人移民がハワイに移民した初期の時代の居住の様子がわかる。もう一つは1914（大正3）年に発行された『布哇一覧』で、ハワイの主要4島（＊2）の日本人居住地であるプランテーション・キャンプや町や集落におけるその居住の様子を手描きの地図で表しているものだ。その手描きの地図を現在の地図に落とし込んでその集落の位置を同定し、そこを訪ねるために、あらためてハワイの島々を巡るようになった。

この章では、この2冊の本に描かれた、マウイ島の日本人移民の足跡をたどってみようと思う。まずは『布哇紀行』に描かれた135年前のマウイ島を旅してみたい。

明治中期にマウイ島を旅した仏教僧・曜日蒼龍《かがひそうりゅう》

1889（明治22）年にひとりの仏教僧がハワイに渡り、日本人移民に仏教を新たに布教するためにオアフ島、ハワイ島、カウアイ島、そしてマウイ島を巡った。それは、1885（明治18）年にハワイ王国と明治政府との協定による「官約移民（＊3）」という本格的なハワイ移民が始まったその4年後のことであった。

その仏教僧とは、大分県西国東郡真玉村（現・豊後高田市）の浄土真宗僧侶、曜日蒼龍（1855～1917）で、彼は1889（明治22）年2月出航の第8回の移民船に乗り込んでハワイに渡り、その年の3月から10月まで滞在した。蒼龍は日本に帰国後、ハワイで

＊2　ハワイ島、マウイ島、オアフ島、カウアイ島を指す。

＊3　1885（明治18）年から1894（明治27）年まで26回行われ、約2万9000人が移民した。

の活動の一部始終を『布哇《ハワイ》紀行』に著した。それによると蒼龍は、3月から4月にかけてハワイ島を巡教したあと、蒼龍と出会ったことによりキリスト教（＊4）から仏教に改宗した元領事館職員の福井多喜彌を伴って、5月半ばから6月にかけてマウイ島を巡回した（159ページの地図を参照）。

5月14日の午後5時、ホノルル港から汽船に乗り、翌15日午前8時半にカフルイ港に着いた。蒼龍らは汽車でマウイ島の中心都市であるワイルクに行き、そこで元年者（＊5）の仕立屋、桑田松五郎に会い、日本人移民に説教演説を行った。翌16日から蒼龍らは東マウイ方向にルートを取り、一大サトウキビ・プランテーションであるスペクルス（スプレッケルズヴィル）では、いくつかの日本人キャンプで説教を行った。18日にはハワイ最大で世界でも有数の規模といわれる製糖所を見学し、戦後ホノルルで活躍した宗教家の平井辰昇（＊6）の父親と思われる平井嘉八（熊本県出身）に会い、その日は平井宅に宿泊した。19日は汽車でパイヤ（パイア）に行き、そこで叶谷某（広島県出身）という元神道家が仏教布教に大いに尽力してくれたことに深く感じ入っている。21日早朝、船便に乗るためパイアから汽車でカフルイに戻り、そこから汽船を利用してハナに向かった。

蒼龍らが乗った船は到着が夜9時となり、その船の中で一夜を過ごした。翌22日の早朝に上陸してハナを南に下り、日本人が15〜16人住むモロヤ（ムーオレア）で昼食を取った。さらに南にあるキパフル（＊7）に住む元年者の通称「竹仙」こと石井仙太郎を訪ねようと、道幅が狭く歩くのも困難な道を進んでいくと、ポルトガル人と思われるひとりの老人に

＊4　宗派はプロテスタント。メソジスト派の日本人牧師美山貫一からハワイで洗礼を受けた。

＊5　元年者とは、1868年、明治元年にハワイに移民した日本人およそ150人の者の呼び名である。

＊6　1948（昭和23）年にホノルルに東大寺ハワイ別格本山を創建した。

＊7　キパフルは東部マウイのサトウキビ・プランテーションの最終所在地である。

出会った。福井はその老人としばらく英語で問答していたが、老人に「もしやあなたは日本人では」と問うと、老人は「私は日本人の石井である」と答え、互いに笑い合ったという（＊8）。蒼龍と福井はそこでも説教演説をし、その夜は石井宅に宿泊している。

23日にムーオレアに戻り、移民の妻たちの懇願に応じて一泊して説教演説を行った。翌24日はハナのほんの手前のマカラヤ（マカアラエ）まで戻り、ここでは元年者の中村政吉に会っている。25日は同地で、26、27日はハナで説教演説し、27日には200人以上もの人びとが集まった。

28日、ハナから中マウイに戻るためフイロ（フエロ）まで船で行こうとするが、便がこの先一週間もなかったので、仕方なくフエロまでの70キロを超える山道を、いくつもの山や谷を越えて歩んで行った。ナヘツク（ナヒクと思われる）というところにカトリック寺院と学校があり、カナカ人の女教師に水を求めると、生徒に水を汲んでこさせ、グアバの果実なども恵んでくれた。そこを去り道を進めたが、険しい山道となり、背の高い草に行く手を阻まれ、野原に出ると牛や馬の群れに追いかけられる始末であった。次いで、こんどは大きな川に出くわす。そこを渡ろうとするが、苔石に足を滑らせて激流に流されそうになり、衣服を丸ごと濡らしてしまった。ようやく向こう岸に渡って下流を見るとほんの少し先は断崖絶壁となっており、身の毛がよだつほどの恐ろしい思いをした。衣服を陽に当てて少し乾くのを待ち、またそれを着てさらにいくつかの山や谷を上り下りしてワイルア村に着いた。

ここにはカナカ人の家が10軒余りあった。もう夕暮れ時になっており、空腹でこれ以

＊8　蒼龍は、「久しく当地にあってカナカ人（ネイティブ・ハワイアン　筆者注）を妻とし、その長いハワイ在留が容貌を変えてしまったのであろう」と記している。

上は歩けない状態なので、宿を求めようとしたが英語が通じず困っていたところに、ホノルルで1、2年働いたことがあって英語がわかる者が来てやっと宿を乞うことができた。夕食はポイ（＊9）しかなく、米（＊10）を支那店（中国人商店）に買いに行った。それをカナカ人に炊かせたところ、水を多く入れ過ぎてお粥のようになってしまい、蒼龍らは抱腹絶倒しながらそれを食べた。日本人が食（＊11）すところを見ようと、村中のカナカ人、老若男女数十人が集まって来たという。その夜は身の回りの安全が心配で、疲れ切っているのになかなか寝つけず、小刀を枕元に置いて寝た。彼らにとって長い長い、波乱の一日であった。

　翌日の5月29日、カナカ人から馬を借りてワイルア村を去った。カナカ人の案内もあり前日に比べれば楽ではあったが、疲労が癒えていないなか、また山や谷を越えなければならなかった。谷底に降ったかと思えばまた山腹まで坂道を登り、あるいは深い森に入り、あるいは海岸の波打際を溺れそうになりながら歩き、また身のすくむような絶壁を登るなど、命からがらの大変な思いをした。この有様は日本にいる人たちにはとても想像することはできないだろうと記している。

　このような苦労の末にようやくフエロに着き、そこで元年者の舘野新吉に会い、彼の世話で説教演説をしている。不便なところなので日本人移民は30〜40人と少ないが、ほかの地域とは異なり耕作地の主人は日本人に敬愛の情を抱いていたという。

　30日にハマコポコ（ハマクアポコ）に行く途中、フエロから伴ってくれた元年者の棚川半次郎の案内でマカオ（マカワオ）に立ち寄り、ここでも元年者の平吉と桂助（＊12）など

＊9　ポイには、「芋を糊の如く練り指に突き掛け食するものにてカナカ一般の食物なり」との注がある。

＊10　米にはライスとふりがながあり、「カナカ語にてライキという」との注がある。

＊11　この「食」という字に、カウカウとふりがなをふり、「カナカ語なり」との注がある。

＊12　この二人の名字は不明。

に会い説教演説のための尽力を得ている。31日からクラで二日にわたって、また6月2日にパイアで説教演説をし、翌3日は汽車でカフルイとワイルクに行き、深夜に馬車でマラビヤ（マアラエアと思われる）港に行き、そこで乗船して4日午前8時にラハイナ港に着いた。ハワイ王国の旧都であるラハイナは、花が咲き緑も豊かで、城跡があり、市街地は人や家屋が隙間なく集まり、船舶の出入りが絶えることがないと記している。ここでは移民監督官の瀬谷政治（正二）（＊13）と会い、説教演説の世話をしてもらいカナカ人の旅宿に泊まった。5日はヲロワル（オロワル）に行き、翌6日にラハイナに戻り、7日の夜10時の汽船に乗って、翌8日の午前8時半にホノルル港に着いた。

＊13　瀬谷はのちに、当時のハワイを地誌的に記した『布哇』（1892年発行）を著した。

このように『布哇紀行』では、ハワイへの官約移民の初期のころのハワイや日本人移民の様子をうかがい知ることができるが、特筆すべきは当時ハワイに在住していた元年者たちと会っていることである。およそ150名の元年者のうち、3年の年季を終えてハワイに残った者が40数名いたが、それらの者の多くはそのあとのことは把握されていない。そのような状況において、蒼龍は、初めて日本人がハワイに移民した明治元年の1868年から21年後にあたる1889年にハワイ4島で12名の彼ら元年者に出会い、マウイ島ではその半分を超える7名の元年者に会っている。これはハワイ移民史上の非常に重要な記録といえよう。

また曜日蒼龍は、移民初期でありながら不幸にもハワイで亡くなった日本人移民の墓を参り、弔いを行っている。『布哇紀行』に添えている「墓参日誌」には、マウイ島の墓所7カ所（被葬者21名、戒名のある者16名）に参ったことを記している。その戒名のほとんどは釋《しゃく》の下に二文字の戒名（浄土真宗では法名）となっており、浄土真宗の形式に沿ったものと思われる。戒名の授与には僧侶としての専門知識が必要と思われるため、蒼龍以前に浄土真宗の僧侶、もしくはそれに準ずる者がいたことが考えられる（＊14）。

このマウイ島の旅だけでも、蒼龍たちがその巡教中に、さまざまな場所で、さまざまな民族、さまざまな宗教と出会っていたことがおわかりになるだろう。それらに濃密に触れたこの旅は、生涯蒼龍の心に強く残るものとなったであろう。

大正期のマウイ島を巡る

さて次に、武居熱血（＊15）『布哇一覧』の「馬哇《マウイ》島の部」を携えての、２０１６年の私の旅に案内したい。この本が出版された１９１４（大正３）年は、日本からの移民が大きく制限された１９０８（明治41）年の「日米紳士協定」から6年後で、写真交換によって日本からハワイに花嫁を呼び寄せる「写真結婚（＊16）」が盛んに行われ、日本人移民が出稼ぎから定住、そして「永住土着」、つまり定着の方向に大きく舵を切り出したときである。『布哇一覧』「馬哇島の部」には、大小36面の地図が掲載されている。そこに描かれた町や大きな集落の中心にあるのは、プランテーションに関連する施設、耕地商店、郵便局、官立学校、日本人学校、そして日系宗教の施設などである。耕地商店とはプランテー

＊14　蒼龍はハワイ島で、広島市の浄土真宗寺院で衆徒（しゅと）であったと思われる移民と会っている。また、蒼龍がハワイに行く前に、曹洞宗僧侶・朝比奈泰悟が１８８８（明治21）年にすでにハワイに渡っていることを仏教新聞である『明教新誌』上で知っており、実際ハワイ島でその朝比奈泰悟と会っている。しかし、戒名には曹洞宗の戒名であると判断できるものはなく、朝比奈がハワイ滞在中に移民の葬祭に関わったかどうかは不明。

＊15　武居熱血（１８７９～１９６１）は山口県都濃郡下松町（現下松市）の出身で、移民としてではなく、演説及び著述家として１９０３（明治36）年にハワイに来た。ハワイ各島を演説して廻るとともに、日本人移民に関する多くの書を著した。

＊16　これによってハワイに来た花嫁は「写真花嫁」と呼ばれた。

ションストアのことで、サトウキビ・プランテーションが経営するゼネラルストアである（＊17）。郵便局はハワイ準州（＊18）、つまりはアメリカ合衆国の機関だが、耕地商店内に設置されることもあった。次に官立小学校とはハワイ準州の公立小学校で、日本人の子どもたちはそこに通いながら日本人学校にも通っていた。日本人学校では公立小学校の授業の前、もしくはそのあとに授業が行われていたので必然的に公立学校の近くに立地した。また、日系宗教の施設、特に日系仏教寺院はその町や集落のコミュニティセンターとして機能するために町の中心近くに立地するようになり、そこに日本人学校が設置されることが多かった（＊19）。

マウイ島の地図の最初は「ラハイナ町」である。１８２０年代から捕鯨船の寄港地として栄え、ハワイ王国の旧都（１８２５～１８４５）として知られるラハイナは、マウイ島のほかの地域、ホノルルやほかの島々との定期船で結ばれた港湾都市であった（＊20）。地図にある町名の横に、在留同胞千参百餘人と書かれてあるように、海前の通りにもその一本奥の通りにもびっしりと旅館、写真館、洋服店、時計店、床屋、菓子店などの日本人の商店や家屋の名が書かれている。港の突端に郵便局、その横に警察と裁判所があり、道路を挟んで官立学校がある。港から一本奥の通りの中ほどに弘法大師堂がある。二本奥の通りには本願寺（＊21）があり、その隣に日本人小学校がある。この大師堂はハワイで初めて建てられた真言宗の宗教施設である。僧職の資格を持ちながらも移民としてハワイに来た湯尻法眼（１８８１～不明）が、１９０２（明治35）年にラハイナに来て弘

＊17　プランテーションの労働者は食料、日用品、洋服などをツケで買うことができ、月に一回の給料日にそれが天引きされることによって精算される。その代わり現金で買う店より何割か価格が高く、労働者は低賃金に加え二重の搾取をされていたことになる。

＊18　ハワイは１８９３年にハワイ王国が転覆され、１８９４年に共和国となったが、１８９８年にアメリカ合衆国に併合され準州となった。

＊19　日系仏教寺院の僧侶は「センセイ」と呼ばれることが多いが、それは僧侶が日本人学校の教師も兼ねていたことによる。

＊20　森田栄『布哇五十年史』には、ラハイナ港には日本人の漁業従事者が40数人おり、マウイ島の中で最も漁業が盛んなところであると述べられており、漁港としての側面も持っていたことがわかる。

＊21　西本願寺派。ハワイでは本派本願寺と呼ばれる。

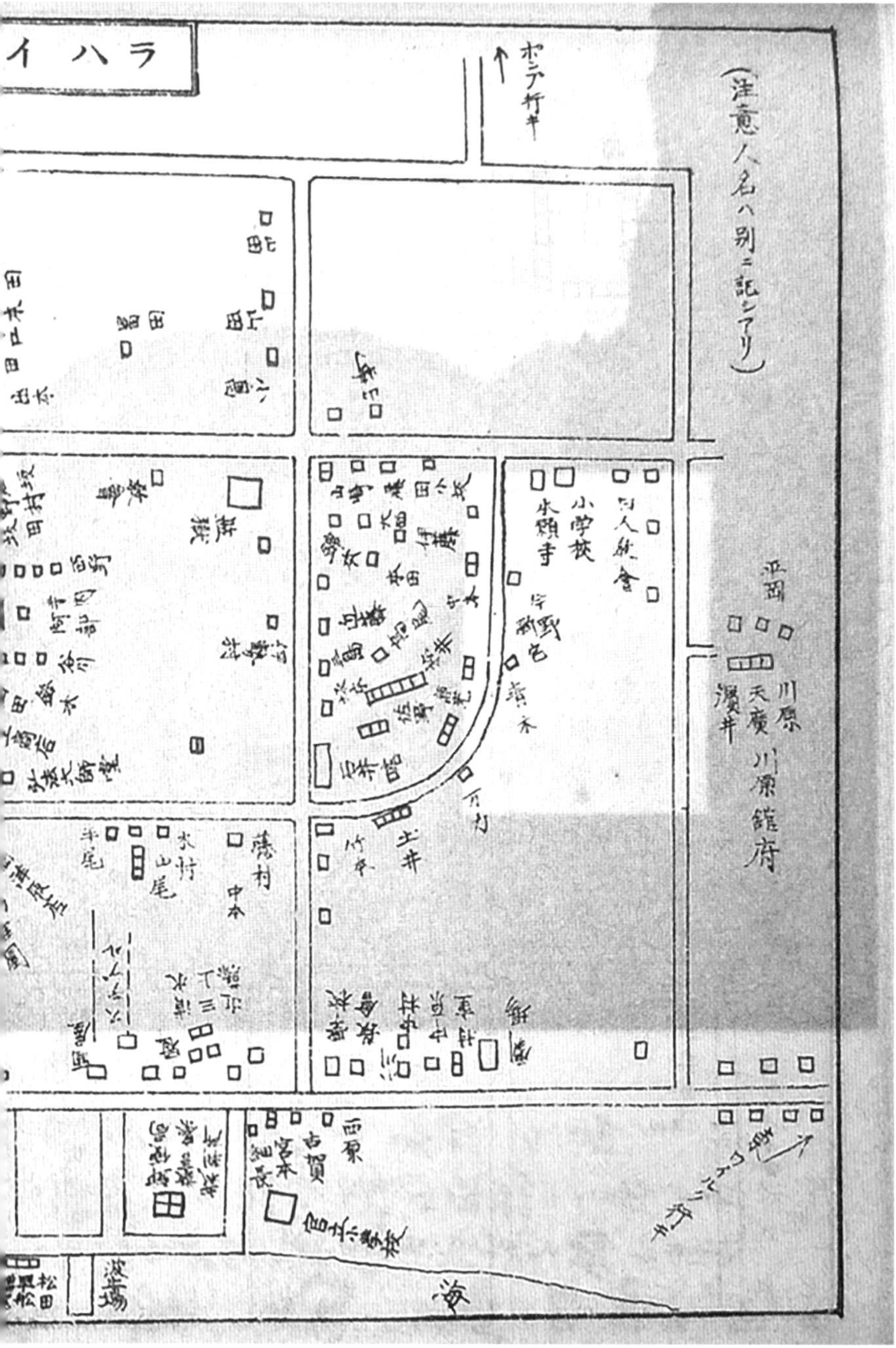

『布哇一覧』の「馬哇島の部」より、ラハイナ町。和歌山市民図書館所蔵

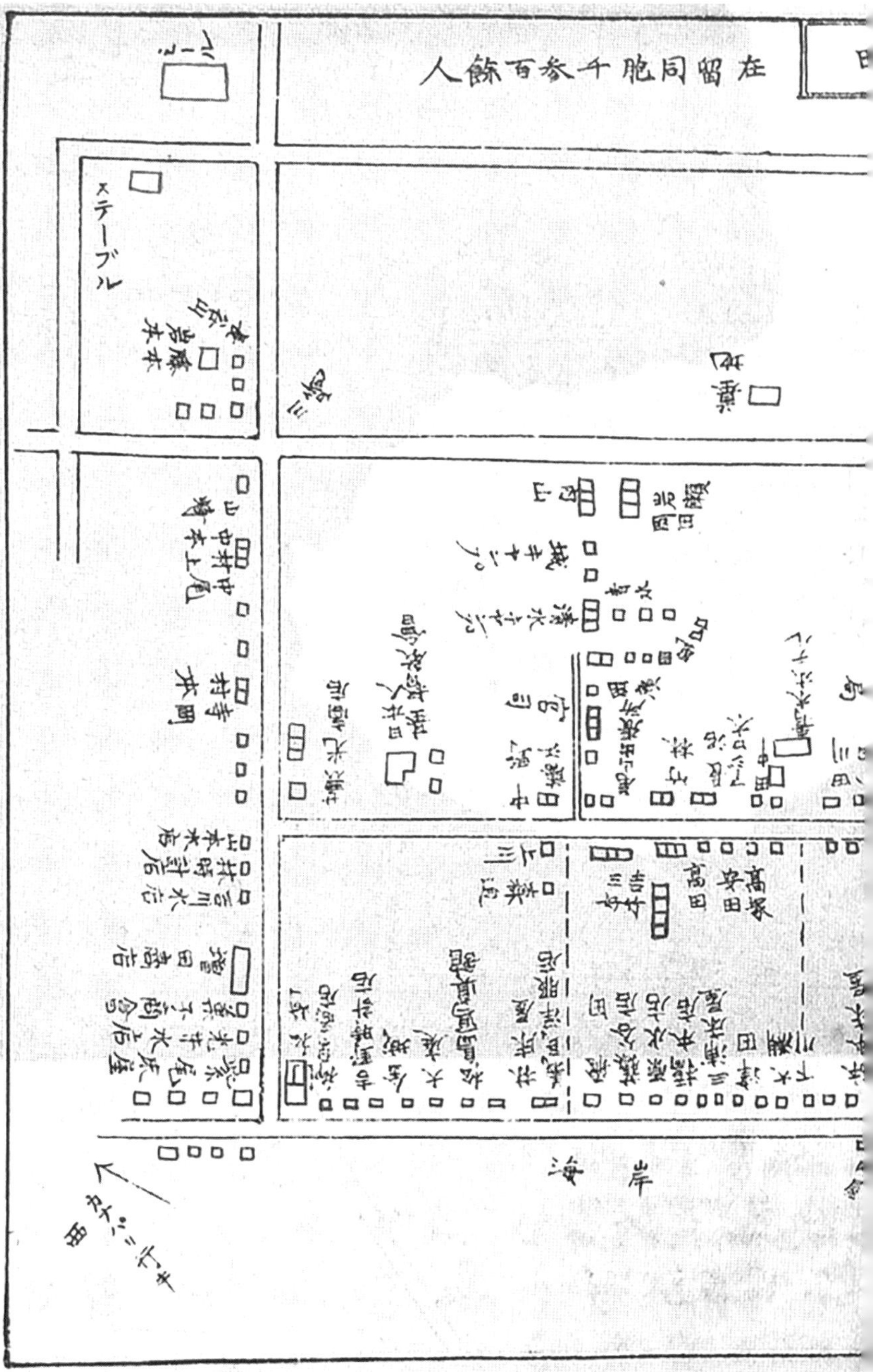
在留同胞千参百餘人

法大師信仰の拠り所となる大師堂を建て、１９２５（大正14）年に真言宗法光寺となった。
浄土真宗は、ラハイナでは１９０４（明治37）年に布教が開始され、１９０５（明治38）年に本願寺が建立された。浄土宗は、１９１２（明治45）年に布教が開始され、地図には記されていないが、１９１４（大正2）年にラハイナ浄土院が町の北端のラナイ島を望む海岸に建立された。

「ラハイナ町」の北に「パイオニア・ミール・カンパニー」があり、その周りには日本人の名を冠したキャンプ（＊22）がいくつかあって、中国人移民が住むパケ（＊23）キャンプもある。それぞれのキャンプには「風呂」と書かれた建物があり、共同風呂を使用していたことがわかる。ミールの東側、つまり山側の少し上に「ポンプ（＊24）舘府（＊25）」があった。

ラハイナの中心から5キロほど北に行ったところにあるカアナパリは、高級リゾート地として知られているが、『布哇一覧』では「カナペリ舘府」となっている。あのゴージャスなカアナパリ・リゾートは日本人移民の居住地で、男女子どもを含めた総人口６００人のラハイナで一番大きなキャンプだったのだ。それを今でも伝える場所がある。それは、カアナパリの南端の海辺近くにあるハナカオオ墓地で、今もマウイの赤土に染まった日本人移民の墓を多く見ることができる。

次に『布哇一覧』ではラハイナから南に下がる。“Kela Mea Whiffa”で歌われる、捨て

＊22　キャンプとは、移民労働者の集合的居住地で、当時は「舘府」と当て字で表記された。
＊23　パケとは、ハワイで使われた中国人の呼称。
＊24　ポンプとは、灌漑設備で地下水を汲み上げて耕地にそれを供給するためのもの。
＊25　注22を参照。

られたサトウキビの搾りかすから漂う甘い香りの風を想像しながら、小さな砂糖会社があったオロワルを過ぎる。海沿いにあるマアラエアには幾人かの漁業従事者が住んでおり、地図には載っていないが彼らが信仰した恵比寿神社が今も立っている。

そこから北に向かい、中マウイの一大耕地のプウネネへと進む。そこには、製糖工場のある「プウネネミール」や「プウネネ二番」などの番号がつけられたキャンプが10カ所ほどある（地図の記載からの合計およそ2040人）。「プウネネ東五番」には浄土宗寺院があるが、これは1910（明治43）年にマウイ島で最初に創建された浄土宗寺院で、その隣には墓地がある。

プウネネの西には、「ワイカプ」が隣接しており、ここに吹く冷たい風を歌った“Waikapu”でも知られ、そこにはキャンプ4カ所がある（合計約400人）。ワイカプは小規模ではあるがサトウキビの商業栽培の始まりが1820年代とマウイ島でも早かったところだが、この耕地は1884年にワイルク砂糖会社が合併・吸収している。「マアラエア」の東にある「キヘイ耕地」は1900年代にプウネネ耕地の砂糖会社に合併された。

ハワイ最後の製糖工場であったプウネネ・シュガーミルは、ついに2016年に操業が停止されたが、隣接しているシュガー・ミュージアムではプランテーションの歴史や、人種別に居住区が分けられている移民のキャンプの様子を知ることができる（＊26）。

プウネネの北にある「ワイルク町」（総人口1500名）は当時からマウイの政治的・経済的な中心で、本願寺と附属に日本人小学校があり、キリスト教会附属の日本人小学校

＊26 プランテーション内では、労働者の居住区は、各エスニックごとに分かれていた。これは「分離統治政策」と呼ばれるもので、エスニック間の対立を利用しながら、労働組合の組織や労賃増給運動、ストライキなどを防止するためであった。そのエスニック構成は、1910年代になる

もあった。またここには日本人牧師・神田重英《しげふさ》の運営する香蘭女塾《こうらんじょじゅく》という女学校があり、日本人移民の女子教育にあたった。「ワイルクミール舘府」には製糖工場があり、その付近には多くの家屋があるが日本人の名前は少ない。おそらく日本人移民は炎天下の耕地での作業に従事する者が主で、工場内の熟練労働に従事する者は少なかったからであろう。

ワイルクから西マウイを北回りで行くと、すぐにハッピーバレーというジェシー高見山が生まれ育った場所があり、そこを抜けると「ワイヘイ（ワイヘエ）耕地」がある。このすぐ手前にワイエフという集落があり、車が行き交う幹線道路の脇にコンクリート製の小さな杭のような墓碑がたくさんある墓地があった。その数は百を超え、碑銘を読み取ると中国人移民の墓だった。おそらく日本人移民よりも前の時代に大勢の中国人移民がこの地域に入り、望んだ成功を手に入れることなくこの地で果ててしまったのであろうか。

マウイ島の中央部に位置する「カフルイ港」（総人口約１５０人）には、マウイ島で唯一、汽船が接岸できる桟橋が備えられていて、ホノルルや本土からの定期便もこの港を利用している。ここには本願寺があり、今も同じ場所に立っている。この地域は現在、マウイ島のＣＢＤ（中心業務地区）となっており、州の教育機関やショッピングセンターなどが集まっているところである。各島で開催されているスラックキー・ギター・フェスティバルが、マウイではここにあるアート・センターで行われている。芝生に座りゆったりと楽しめるこの場所が、ほかの島のどの会場よりも一番気持ちがいい。

と、それまでの中国人や日本人やポルトガル人以外に、朝鮮人、フィリピン人、プエルトリコ人などが労働力として加わり、エスニックの多様化が急速に進んだ。マウイ島のサトウキビ・プランテーションの日本人労働者は１９１０年代には全体の約64％を占めていたが、１９２０年ごろには45％台、そして１９３０年ごろには約20％と急速に低下し、それに代わってフィリピン人労働者の比率が１９１１年の4.8％から、１９２０年には15.7％、１９２９年には大幅に上昇して68.8％となった。マウイ島の日本人人口は、１９１０年では約1万人でマウイ島全人口の42.2％、１９２０年は約1万５０００人で44％、１９３０年は約2万人で41.8％と割合はあまり変わらないものの、絶対数は増加していたので、日本人が加速度的にプランテーション労働から離れていったことがわかる。

カフルイ港から少しだけ内に入った「カフルイ舘府」（総人口300名）にはワイルク〜ハイク間を走る鉄道があった。これはおそらく、1879年にハワイ王国の公共鉄道として初めて開設されたカフルイ鉄道と思われる。そう、あの"Ka'a Ahi Kahului"だ。この鉄道の背後にはマウイ島最大のプウネネ耕地があり、カフルイ港と鉄道により陸海の交通の連絡を可能とさせて至便性を高めていた。

ワイルクの東に隣接するスペクルス（スプレッケルズヴィル）は、『布哇一覧』の「プウネネ旧一番耕地」に相当するところと思われる。スペクルスにはプウネネ耕地の旧製糖所場があったところで、ハワイ日本人移民の労働歌といわれるホレホレ節にこのように歌われている。

条約切れたらヨウ　キナウに乗って　行こか馬哇《マウイ》のスペクルへ

「條約」とは3年の労働契約、「キナウ」は汽船名である。スペクル（スペクルス）はほかの耕地と比べて労働者の扱いがよいとの評判があり、3年の契約を終えたらもうひと働き、評判のよいスペクルに行こうかな、という意味である。しかし、実際にスペクルスがそのような耕地だったのかどうかはわからない。

その先のパイアは、海沿いの道に沿った町である「下パイア」とキャンプ地である「パイア耕地」とに、カフルイ鉄道の線路とその脇に建てられた製糖場（ミール）によって南北に分かれる。

「下パイア」（総人口約300人）には、カフルイからハナに向かう海沿いの道や、「パイア耕地」やその先のマカワオに向かう道沿いに多くの日本人経営の商店が並んでおり、そこに曹洞宗布教場（満徳寺）と本願寺が記されている。曹洞宗満徳寺は1906（明治39）年に広島県の備後地方出身の曹洞宗僧侶・植岡祖暁《そきょう》（1876〜1956）によって創建された。祖暁師は1904（明治37）年にハワイに来て曹洞宗開教の嚆矢《こうし》となったひとりである（＊27）。「パイア耕地」（総人口500人）には小学校があり120人の生徒がいた。海岸沿いの「下パイア」に建立された本願寺は1910（明治43）年の創立であるが、1917（大正6）年にこの「パイア耕地」に移転している。

パイア耕地の東にある「ハマクアポコ耕地」（総人口500名）は、パイアの製糖会社の耕地である。ここには宗派の名がついた寺院はなく、ただ「布教場」という名前の建物が小学校（生徒100名）のすぐ近くにある。こうした表記がある場合、布教場はいくつかの日系仏教各派が共同で使用していることが多く、宗派ごとの寺院建立が困難なときにこのような方法がとられ、集会所や学校としても機能していた。

「パイア耕地」の上に位置するマカワオの地図は、理由はわからないが収められていない。マカワオからオリンダ・ロードに入り口ずさむ歌は“Hanohano Olinda”だ。

ハレアカラ・ハイウェイに道を進めて南に走る。ハレアカラの中腹に位置する「クラ」

＊27　祖暁師は、時代は下って太平洋戦争開戦時にはすでに引退し、その子息が住持職を勤めていたが、太平洋戦争により子息が強制収容所に連行されたため僧職に復帰した。戦時中ハワイの日系仏教の僧侶のほとんどが連行されたため各寺院には僧侶が不在で、その期間の葬祭は特に困難を極めたと思われるが、この地域は祖暁師によってそれが維持された。

（総人口300人）には日本人小学校があり、日本人の住宅が点在している。ここでは日本人による独立的農業が行われていて、玉ねぎや馬鈴薯、野菜などが生産され、日本人村の景観を有していた。地図にはないが、ここには1906（明治39）年に建てられた大師堂があり、のちに真言宗祥福寺となった。真言宗の寺院には珍しく墓地があって、傾斜地形に沿って作られた見晴らしのよい墓地である。

ハレアカラを見上げながら"Kilakila O Haleakala"を歌い、クラの先へと進んでウルパラクアに着く（＊28）。普通の観光ではここがデッドエンドで、『布哇一覧』にも地図はないが、パニオロソング"'Ulupalakua"で知られるようにハワイアン・カウボーイが活躍する牧場地だ。

パイアに戻り、ハナ・ハイウェイをハイクへと東に進む。歌にもある"Ho'okipa Paka"を過ぎて、ハイクロードとの交差点を右折して内陸に入ったところにある「ハイクミール舘府」の地図には、大きな建物とわかる「鳳梨（＊29）ミール」がありその南側に住宅がある。ここは白人資本のパイナップル栽培が盛んだったところで、ミールとはその缶詰工場を指す。ハイクの東側にある「パウエラ町」もパイナップルの栽培地だが、その地図には1910（明治43）年に創業された「日本人鳳梨ミール」がある。地図にはないが、1913（大正2）年に本願寺布教場が建てられている。

ここから東の集落は『布哇一覧』には掲載されていない。

＊28　クラからウルパラクアへ向かう途中に、「中国革命の父」と呼ばれる孫文（孫逸仙）を記念した公園San Yat Sen Parkがある。孫文は、この地域で農場を経営していた兄・孫眉を頼って少年時代にハワイに来て、5年ほどハワイで学んだという。

＊29　鳳梨（ほうり）とはパイナップルのこと。

この辺りからいくつものカーブが連続するハナ・ハイウェイは、現在も交通の難所として知られる。曜日蒼龍が大変な苦労をして反対のルートを進んだところである。ここでは森田栄『布哇五十年史』（1919年発行）にあるマウイ島の記述を参考にして簡単に書き留めておきたい。この本によれば、蒼龍のときから30年後の1919（大正8）年になってもフエロからハナの間は道路が拓けていないところであり、その交通の便の悪さから人口は次第に減少していった地域である。

ケアナエはハナ及びキパフル港との往復の船便の寄港地であったが、主に貨物の運搬であった。このケアナエに住む娘とケアナエの西にあるフエロに住む恋人の少年が、お互いの住むところの美しさを歌った“Huelo”という歌がある。

ナヒクはゴム樹の栽培が盛んであった。また、プウネネ耕地に水を供給する「コオラウ壕」の中継地点であり、ナヒクやその東のカエレクなどの地域に降る豊富な雨水を中マウイの耕地まで運んだその灌漑設備の建設には、日本人移民も従事した。

カエレクはハナから北西6キロほどのところにある集落で、当時20人ほどの日本人のほかに、フィリピン人や少数の朝鮮人、中国人、ネイティブ・ハワイアンが住んでいた。ここでは急傾斜の山岳耕地でサトウキビが栽培されていたが、前述のように常に雨量が多く灌漑の必要はなかったという。

マウイ島の最東端にあるハナでは、ハレアカラ山麓を背にした、面積3000エーカーの山岳耕地でサトウキビ栽培が行われていた。労働者400人中200人が日本人で、その他フィリピン人、ポルトガル人、ハワイ人、中国人、朝鮮人とさまざまな民族がいた。

ここは僻地であるため、全くの別天地の趣があり、その地理的な関係上から、裁判所、警察署、郵便局、公立学校があり、また日本人学校、本願寺布教場があった。本願寺布教場は1910（明治43）年に建立されている。その信徒数は、創立当時の300余名から10年ほどで約200人に減少しており、その理由としてやはり島の東端にあって交通不便な地であることをあげている（＊30）。

それがかえって功を奏して、ハナはハワイの手つかずの自然がある「天国のハナ」と謳われるようになったのであろう。いやそれだけではない。このハナはカメハメハ大王の妻、カアフマヌの生誕地カウイキなどの聖地や古代のヘイアウがある、ネイティブ・ハワイアンにとって大切な土地であり、古きハワイのよさが残っているところなのだ。

ハワイのオールドスタイルの音楽を復活させたいという、スラックキー・ギタリストであり、魅力的なファルセットボイスの持ち主であるペケロ・コスマ（1960〜2014）は、彼が生まれ育ったハナへの思いを次のように語っている。「ハワイアン・スタイルを守っているところで、私にとってこの場所は愛に溢れ、心から馴染むことのできる最後の場所だ。自然も本当に美しい、どこも手つかずの状態が昔そのままだ」（＊31）。

この2016年の旅のとき、ペケロが亡くなって2年になろうとしていた。彼の墓に行きたくてハセガワ・ゼネラルストアで道を尋ねたら、年配の女性の客が墓がある教会とそこへの道も教えてくれた。その教会に入って、ちょうどそこにいた女性に墓の場所を聞いたら、それは私のファミリーだといって、墓のある方向を指差した。私は迷うこ

＊30 ハナ地区は1940年のアメリカ合衆国国勢調査（センサス）を見ると、やはりネイティブのハワイアン、混血のパート・ハワイアン、そしてフィリピン人が多く、その次に日本人で、少数の中国人やプエルトリコ人などが住んでいた。

＊31 フジテレビ・テレビマンユニオン『イントゥー・ザ・ミュージック Vol.1 アロハ・アイナ』1994年（ビデオ）より。

となく彼の墓に参ることができた。そして基壇に腰を掛けさせてもらい、ウクレレを取り出して“Ua Kea O Hana”を歌った。

ハナの南にあるキパフルは、『布哇紀行』で蒼龍が訪ねていった石井仙太郎が住んでいたところである（＊32）。1919年当時、ここには1500エーカーのサトウキビ栽培耕地があり、すでに日本人は少なくフィリピン人のほうが多かった。キャンプには耕地商店、中国人商店のほか、日本人学校もあったという。

ここまで曜日蒼龍の『布哇紀行』と武居熱血の『布哇一覧』、この二つの資料を主にして、日本人の足跡をたどり、その土地にまつわるハワイ音楽を紹介しながら進めてきた。最後に、そのハワイ音楽やハワイ文化と日本人やほかのハワイ移民の関わりを述べてこの章を終わりたい。

ローカルなハワイ人への「移民の旅」

日本人移民はハワイに定着したものの、日米が戦う太平洋戦争が起こり、そのなかでハワイの日系の青年たちはアメリカ軍の兵士となり、ヨーロッパの前線で戦い多くの死傷者を出した。そのような試練を経ながら日系人は「日本人移民」から「日系アメリカ人」となっていった。日本人移民だけではなく、ほかの地域からの移民もいく世代かにわたる旅をしてきた。それは「ローカルなハワイ人」になる道のりを歩んだ旅のように思う。

＊32　仙太郎は1936年に数え年の103歳で亡くなり、キパフルの共同墓地に葬られた。その墓標には「一千八百六拾八年明治元年来布」と刻まれている。

その旅のたどり着いた先の一つについて、時代は下って1960年代から70年代にかけて起きたハワイアン・ルネッサンスと呼ばれる、ハワイの文化復興運動に関わるマウイ島ハナでの出来事で語ってみたい。

それは、1970年8月16日にハナで行われた「ハワイ・ポノイ〜ホウラウレア・オ・ハナ」という音楽フェスティバルである。ハワイ音楽の巨人ギャビー・パヒヌイ（1921〜1980）を中心に据えたサンズ・オブ・ハワイのリーダーであるエディ・カマエ（1927〜2017）が、音楽プロデューサーとして企画したものであった。

エディの父はハワイ島ホノカア近くのカプレナに生まれ、高校に行くためラハイナに行き、ラハイナルナ・ハイスクールに入学した。この学校は、1931年にプロテスタントの宣教師が創立したミッショナリー・スクールがそのもととなっていた。そこでエディの父は印刷技術を覚え、ラハイナで結婚したあとホノルルに出て仕事を得た（＊33）。ホノルルで生まれたエディはウクレレ・プレイヤーになり、アメリカ本土の音楽やハパ・ハオレという観光化されたハワイ音楽を演奏していたが、ギャビーとの出会いにより、自分が知らない古くからのハワイ音楽に触れ、それを求めながらギャビーと一緒に演奏するようになりサンズ・オブ・ハワイを結成した。彼らの演奏は、すぐにハワイの音楽文化に飢えていた人びととの評判となった。彼のハワイ音楽への探求はさらに深まっていき、それが通称“Five Faces”（＊34）というアルバムに結実しようとしていたとき、このハナでのフェスティバルが企画された。

＊33　エディ・カマエの父はネイティブ・インディアンのクォーターである。1850年ごろにアメリカ本土に渡りネイティブ・アメリカンと結婚した曽祖父、その二人の子として生まれた祖父、ラハイナのミッショナリー・スクールで学んだ父と、それぞれアメリカとハワイの歴史が交わったところを旅してきている。

＊34　正式なアルバムタイトルは、バンド名と同じ“SONS OF HAWAII”（1971年発売）。

それはおそらく1966年ごろ、サンズ・オブ・ハワイがハナへ演奏旅行をしたときに、エディがフエロ、ケアナエ、ナヒク、ハナ、そしてキパフルと、遺跡や教会などを巡ったことに始まっていたのかもしれない。その後、西海岸でのモントレー・ジャズ・フェスティバルの話を聞き、エディはハワイ音楽に特化したフェスティバルができるのではないかと考え、その場所として彼はハナを選んだ。アクセスは大変だが、そのおかげでハナは穏やかで魂を鎮める力があり、彼が志向するハワイ音楽の演奏にとって、どこよりも完璧な環境を提供してくれるところであった。また、エディの母のホームであり、父母が出会った町であるラハイナとフェスティバルの会場であるハナの間には、ラハイナの教会がハナの地にも教会を建てたり、ハナからラハイナルナ・ハイスクールへ進学したりなど、マウイ島の西の端にあるラハイナと東の端にあるハナとはその距離をいとわぬ関係があったこともエディはすでに知っていただろう。

「ウッドストックに対するハワイからの答え」ともいわれたこのフェスティバルには、サニー・チリングワース（1932〜1994）やパラニ・ヴォーン（1944〜2016）、モエ・ケアレ（1939〜2002）など、当時を代表するミュージシャンや次代を担うミュージシャンも参加していたが、ゲストとしてハワイ文化の最高の研究者、指導者、継承者も出席していた。ハワイ文化の権威で、研究者であり指導者でもあったメアリー・カヴェナ・プクイ（1895〜1986、白人との混血）、“Aloha Chant”の作詞者ピラヒ・パキ（1910〜1985、ネイティブ・ハワイアン）、プクイの教え子で古典フラの最高の踊り手イオラニ・ルアヒネ（1915〜1978、ネイティブ・ハワイアン）がいた。彼女らはみな、失われたハワイの古い歌を探す旅に出ようとしたエディの重要なメンターたちであった。そして何よりも、スラックキーやフラの表現者、また作曲家としてもハワイ文化のトップにいたアリス・ナマケルア（1892〜1987）もそこにいた。彼女は第一回官約移民の日本人とハワイ人との間に生まれた混血の日系二世であった。また、“Puamana”という歌で知られるラハイナの音楽一家、ファーデン家出身のエマ・シャープ（1904〜1991）はドイツ系移民の末裔で、彼女もプクイの教え子であった。

ハナに住んでいた10歳のペケロ・コスマもそこにいた。彼の父親はフィリピンからの移民の二世で、彼のファミリーはカエレクというフィリピン移民の多いところに住んでおり、母親はネイティブ・ハワイアンで、彼女のファミリーはハワイ人の多いマカアラエに住んでいた。彼はフィリピン系のハワイアンであったが、母方のファミリーが住むマカアラエで育ったのでネイティブのライフスタイルも身近にあっただろう。彼は“Maka‘alae”という、その土地を讃える美しい曲を作っている。

ペケロは5歳のときに、近所に住む盲目のおじさんからスラックキーを習い始めた。彼が6歳のときサンズ・オブ・ハワイがハナに来た。その演奏は彼の心に深く響き、インスピレーションを与えた。そしてこのフェスティバルで再びサンズ・オブ・ハワイと、ギャビー・パヒヌイという巨人に出会い、彼の音楽的方向は決まった。そしてついに1992年に“Going To Hana Maui”というアルバムでデビューし、「ギャビーの再来」と評された。また、90年代のサンズ・オブ・ハワイのメンバーにもなった。フィリピンにルーツを持つ彼が、ダカイン（*35）なハワイ音楽の継承者となったのだ。

*35　1960〜70年代のハワイアン・ルネッサンスにおいて象徴的に使われた言葉で「最高」、「本物」を意味する。英語の That kind がピジン化した言葉である。

日本人移民の子孫であるハワイ文化の継承者はさらに遡ることができる。それはフェスティバルのその場にいたアリス・ナマケルアだけではない。プクイの養女で、彼女を支えハワイ文化の研究・保存に務め、アンティ・パットと親しまれていたペイシェンス・ナマカ・ベーコン（1920〜2021）は純粋な日系二世であった。さらに元年者の石井仙太郎の子孫は偉大な古典フラのクムフラ（フラの指導者）、エディス・カナカオレ（1913〜1979）の長男と結婚し今もハナに住む。その長女はカナカオレのハーラウ・オ・ケクヒのスタッフとしてフラ文化を支え、次女はクムフラとなりハナで活動している。

この日の主人公であったギャビー・パヒヌイを慕い、その息子たちとバックヤード・セッションを重ねたピーター・ムーンはハワイアン・ルネッサンスについてこう語っている。

「若い人たちによる運動は、必然的にアイデンティティの再確認を伴った『ランド・リフォームメント』というかたちをとるようになりました。自分たちの島とは何か、その島で生まれ育ってきた自分とは何か、ということを考え直す運動です。そして僕たちは、ハワイにも固有の素晴らしい文化が古くからあることを発見したのです」（＊36）

このようにネイティブ・ハワイアンの心からの思いのような言葉を自ら発しているピーター・ムーンは、中国人移民と朝鮮人移民との子どもなのである。そして彼は1970年、"Kanikapila"という言葉をタイトルにし、ハワイ人のアイデンティを表すためのハワイ音楽とフラを合わせた音楽イベントを、出身校であるハワイ大学の野外施設で始

＊36 駒沢敏器『ミシシッピは月まで狂っている』（1996年発行）所載の「アロハ・アイナ」より。

めたのである。

ハワイの文化や音楽の研究者であったジョージ・カナヘレ（1930〜2000）のハワイアン・ルネッサンスに関する論文（＊37）の結論にはこのようなことが書かれている。

「ルネッサンスには理解すべき矛盾がある。それは、ルネッサンスはハワイ人だけのものではないということだ。それはハワイ民族ではないハワイ人も含まれるのだ」

「例えばピーター・ムーンなどを、遺伝的な巡り合わせによってたまたまハワイ人ではないという理由だけで除外できるだろうか。プクイ女史の養女で、ハワイ語が堪能でクムフラで聖歌者でもあるパット・ベーコンを、純粋な日本人だからということで排除できるだろうか」

「今日、おそらくルネッサンスに積極的に関わったハワイ人と同じくらい多くのネイティブではないハワイ人がいる。ハオレ（白人）、日本人、中国人、フィリピン人など、ハワイの祖先を持たないが、なんらかの理由によってハワイ人であることを認識するようになった人びとだ」

1960〜70年代に起きたハワイ人の文化の復興を謳うハワイアン・ルネッサンスは、ネイティブのハワイアンの自覚から始まったが、ハワイで生まれ育った移民の子孫もローカルのハワイアンとしての自覚を持ったのだ。移民はローカルなハワイ人となる歴史的な旅を続けてきたのである。

＊37 The Hawaiian Renaissance by George S. Kanahele. May 1979.

日本人移民やその他の地域からハワイに来た移民は、彼らなりにその土地に馴染み、いく世代を経て、そこをホームとしていった。移民はローカルのハワイアンとなり、いろいろな食文化が混ざったプレートランチが生まれた。それは私が一番ハワイを感じる食事だ。また、彼らの日常の生活言語として、それぞれの民族の言葉が混じり合ったピジン・イングリッシュが生まれた。その言葉にはハワイで生きる者のリズムがある。そのリズムはダカインなハワイ音楽の重要な要素になっているように思う。

ハワイ人とは、ネイティブだけではない。また、ハワイ移民とは、日本人だけではない。太平洋の真ん中にあるハワイ、そこに生まれた者、そこで育った者、お互いが関わりを持ち、お互いをリスペクトするハワイ。多人種・多文化というハワイ、そう、サラダボウルのなかのアロハスピリッツ、それがローカルなハワイ人を表す言葉なのかもしれない。それをマウイ島での出来事が教えてくれているのだ。ハワイでいち早く西洋化した町ラハイナと、ハワイの手つかずの自然が残った村ハナの二つの地域には、長い歴史を持つ結びつきがあり、その一方のハナでハワイ文化復興の幕明けを知らせる音楽フェスティバルが行われ、何代かにわたる旅をしてきた移民とその子孫たちもその参加者となったことを。

私もハワイ文化、ハワイ音楽の探求をしながらハワイ移民の研究という旅をもう少し続けていこうと思う。

平川 亨（ひらかわ・とおる）

ハワイ研究者・日本ハワイ移民資料館リサーチアドバイザー。現在、日系ハワイ移民の研究をメインに活動。徹底した現地調査による資料を駆使し、現地の研究者からも高い評価を得る。ハワイ全般の知識も豊富で、ハワイ音楽の演奏活動にはファンも多い。

ALOHAとの出合い

高砂淳二

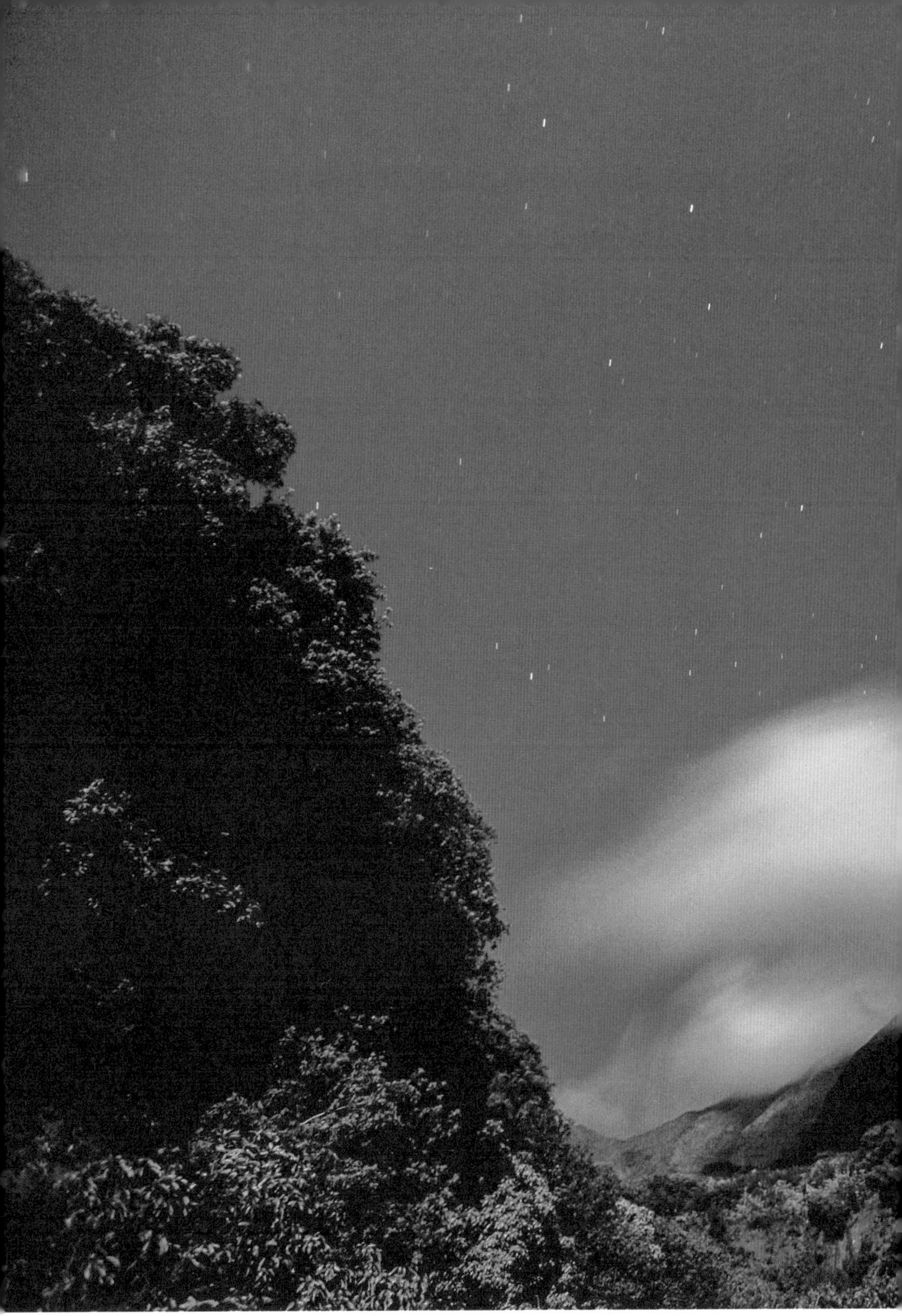

ハワイには1980年代から時々行ってたけれど、グッとハートを掴まれたのは、2001年にマウイ島で、ひとりの先住ハワイアンと出会った時だった。

カフルイ空港のすぐそばに住む友人（Julieさん＆Ogaちゃん）宅に、その人はある時「この家に病人がいるだろう。僕が診てあげよう」とフラッとやって来た。それ以来、定期的に来ては、当時Julieさんたちが介護していた彼女のお父さんを、薬草を使ったりロミロミ（ハワイに伝わるマッサージ法）を施したりしながら、西洋医学で行き詰まっていた容態を快方に向かわせたのだという。

2001年夏にマウイ島を訪れた時、Julieさんたちは僕にその人を紹介してくれた。名前をKaipoさんといった。目に深みを湛えた、知恵者の雰囲気を醸し出す物静かな人だった。会うなり僕を目の前のビーチに連れ出し、植物や海藻を手に拾い上げながら、「これは○○に効く。これは○○な症状を和らげてくれる」などと説明をしてくれた。海や山、生き物など、自然全体を撮影する仕事をしているので、自然の繋がりや自然と人間との関係などに興味津々だった僕には、Kaipoさんとの出会いは、とてもワクワクするものだった。

次の日にも、イアオ渓谷で植物の話などを聞かせてもらったが、僕らの知っている西洋的な自然の捉え方とはまったく違っていてとても興味深く、その次の日からも続けて毎日Kaipoさんのところに通わせてもらえるようお願いした。薬草やロミロミだけでなく、自然のこと、目に見えないものの働き、心と体のことなどいろんなことを教えてもらい、僕にとってはかけがえのない濃密な時間になっていった。

さまざまなことを教えてもらう中で、いつも頻繁に出てくる言葉があった。たぶん世界一有名なハワイ語であろう〝ALOHA〟という言葉だ。ロミロミをする時、ノニの実を摘む時、患者さんに話をする時、必ずALOHAをもって行うのだという。ALOHAをアロハシャツやハワイの挨拶程度にしか思っていなかった僕に、ALOHAは大きくいうと日本語の「愛」に当たり、生活の中でいつもALOHAをシェアすることが大事だということを、心を込めて教えてくれた。ある時Kaipoさんが僕に、月の光で夜に現れる虹（night rainbow）の存在を教えてくれた。夜に虹が出るなんて想像もしていなかった僕に、自然はいろんな形でサインを送ってくること、そして滅多に見られないnight rainbowは、そんなサインの中でも最高の祝福の印であることなどを話してくれた。そしてあろうことか、その3日後の夜、西マウイのカパルアのあたりで、偶然にも僕はそのnight rainbowに出合うことになったのだ。

マウイ島でそんなとても大きな出会いがあり、僕のハワイ通いが始まっていった。古い友人であるSeiさんがラハイナに住んでいたので、マウイに行くたびにSeiさん宅に泊めてもらい、大きなマウイ島の隅から隅まで何度も撮影して回った。night rainbowを探して夜のマウイを走り回ったり、標高3055メートルの大山ハレアカラに登り、サンセットから夜中までずっと空を眺めてその向こうに広がる宇宙に想いを馳せたり、また冬になると、アラスカからはるばる子作り・子育てにラハイナ沖にやってくるザトウクジラを、ボートに乗って撮影したりした。もちろん、Kaipoさんが教えてくれた、ALOHAをもって行うことを密かに撮影に取り入れてだ。

僕にとってのマウイ島との出合いは、ALOHAとの出合いでもある。動物を撮る時、大地を撮る時、植物を撮る時、ALOHAを意識することはそこに気持ちを通わせることになる、という大事なことをマウイで学ばせてもらった。イルカ、クジラ、ウミガメ、サンゴから、時には雪が降るハレアカラ山、無数の滝、熱帯雨林まで、一つの島にいくつもの気候や生態系をもち合わせているマウイ島は、そんな僕の〝ALOHA撮影〟の練習にピッタリの被写体にもなってくれた。

日本語で言ったらちょっと照れてしまうような言葉ALOHAを、古来一番大切なこととして守り伝え続けているハワイアンたちをあらためて思い出し、今その智恵の深さをしみじみ感じている。ラハイナの火災で亡くなった多くの方々のご冥福を祈りつつ、被災者の方々の生活が一刻も早く、いい形で復興することを願ってやまない。

P162　初めて見たナイトレインボー。まさか夜に虹が現れるなんて……。
P164　月に照らされた夜のイアオ渓谷。風でざわめく木々がちょっと怖かった。
P166　夜のハレアカラ山頂のクレーター。あまりに宇宙っぽくて、空気があるのが不思議なくらいだった。
P168　ハレアカラ山頂にかかった大虹。下界は大雨なのにここは別世界だった。
P170　西マウイの山々をバックにザトウクジラがジャンプ！
P172　浮いたり潜ったりしながら、ゆっくり移動していたイルカたち。
P174　マンタがラハイナ沖の海底で並んで泳いでいた。求愛行動？
P175　カアナパリのホヌたちは、観光客が泳いでいようがまったく気にしない。
P176　大人も子供も、ビッグビーチに来たら無心で遊ぶ。
P178　ピンクのプルメリア越しに見えた、昼間の半月。
P179　〝虹の州〟ハワイにふさわしい木、レインボーユーカリ。
P182　ハワイの理想的な気候で幸せそうに暮らす、野生化したブンチョウ。

高砂淳二（たかさご・じゅんじ）
自然写真家。宮城県石巻市生まれ。世界中の国々を訪れ、海の中から生き物、虹、風景、星空まで、地球全体をフィールドに撮影活動を続けている。著書に『night rainbow- 祝福の虹』（小学館）、『PLANET OF WATER』（日経ナショナル ジオグラフィック社）、『光と虹と神話』（山と渓谷社）、『Aloha 〜美しきハワイをめぐる旅〜』（パイ インターナショナル）など多数。『Wildlife photographer of the year 2022』自然芸術性部門で最優秀賞を受賞。海の環境NPO法人OWS（The Oceanic Wildlife Society）理事。みやぎ絆大使。https://junjitakasago.com

万次郎は歌う

東 理夫

ラハイナの町が好きだ。高い建物がなく、空が広く、通りを吹き過ぎていく風の中に大洋の匂いが忍び込んでいる。

それは「海の匂い」というのとは違う。もっと具体的にあちこちの港の匂いが混じり込んでいるのだ。アメリカ・メインランドの匂い、アジアの匂い、ミクロネシアやメラネシア、ポリネシアの匂いが混じっている。それはぼくには、「大洋の匂い」と言うしかない。古いホテルのロビーにも、マッコウクジラの標本の飾られた記念館にも、昔からの木彫りの船乗り人形の並べられたスーベニア・ショップの飾り棚の端々や木の柵で囲まれた民家の裏庭、スコールが通り過ぎると土埃がにおう屋外の駐車場などのあちこちに、この「匂い」が漂っている。

開かれた港なのだ。様ざまな国の船が、船乗りがこの町に立ち寄った。そういう交流が、このラハイナを他の港町とは趣を異ならせている。ぼくにとって、「エトランゼ」や「ボヘミアン」という言葉が生きているのが見えるような土地なのだ。浮草の自由闊達さと根無し草の寄る辺なさが、そこここに漂っている。それらがぼくの心をやわらかくさせる。居心地のいい町だ。いつも来るたびに、安らぎの吐息が洩れるのがわかる。

一時期、ハワイイを舞台にした探偵小説のシリーズものを書いていたこともあって、そして何よりもまだいく組かの親戚や古い友人一家も健在で、国内の身近な土地のように幾度も幾度も、この火山列島の島々にやってきたものだ。

行けば結構な時間を気持ちよく過ごしていたから、気候や人情、風土や食べ物などが体質的に合っていて、もしかしたらぼくは、元はハワイイや沖縄の人間だったのではないかと思いたくなるほど馴染んでいた。

ハワイイのどこに行っても、必ずと言っていいほど、ラハイナで過ごしたように思う。港に面した「バニヤン・コート・パーク」にそびえ立つバニヤンの大樹が作る陽陰のベンチに座って、大きく広がる枝から垂れる気根が風に揺れるのを横目に、その同じ風がすり抜けるように吹き過ぎていくにまかせながら、いつでもこの場所に流れる時間や、あたりに満ちる海の空気の中で『おお、スザンナ』のメロディが蘇ってくるのがわかる。

一八四八年に作られたこの曲は、いくつものスティーブン・フォスターの名曲の中でも、アメリカを越えて世界中に広まり、多くの人に歌われ、今も歌い続けられている彼の代表曲の一つだ。当時、オハイオ州シンシナティで兄の海運会社の簿記係として働いていた彼は、港湾労働の黒人たちの歌に触発されて書いたのが、この『おお、スザンナ』だった。それはまたたく間にアメリカ中の人の口の端に上ることになった。そのきっかけは、歌が生まれた翌年の一八四九年、突如カリフォルニア州で黄金が発見されたことだった。一攫千金を夢見る人々が世界中から押し寄せ、大陸の西の外れにある州は一躍、ゴールドラッシュに沸き返ることになった。

そのゴールドラッシュに浮かれて、カリフォルニア州サクラメント郊外の川べりに集まった人々に大人気だった歌が二曲あった。一つが『オー・マイ・ダーリン・クレメンタイン（愛しのクレメンタイン）』で、砂金取りの娘で背の高い大柄な美人クレメンタインが、日課のガチョウを川に連れていく時、川岸で足を滑らせて川に転落し溺れ死ぬという悲劇を歌った曲だ。日本では『雪山讃歌』として、大学山岳部などで好んで歌われ人気になった。

もう一曲が、このフォスターの『おお、スザンナ』だった。一日の重労働後の団欒の時、誰ともなく持参のギターやバンジョー弾き、皆が知っている歌が次々と披露された。その中でもっと

オアフの港と市街の風景。『漂巽紀畧（ひょうそんきりゃく）』（河田小龍 記）の写本より。
高知県立坂本龍馬記念館所蔵

も人気だったのが、この歌だと言われている。

土佐の漁師、万次郎は十四歳の時に足摺岬への鯵鯖漁へと出港して間も無く、暴風雨に遭遇して遭難。無人島の鳥島に漂着してどうにか生き延びた一四三日後の一八四一年五月、食料用のウミガメ捕りに寄ったアメリカの捕鯨船ジョン・ハウランド号に救助され、鎖国中の日本へは帰れず、仕方なくアメリカに向かった。途中ハワイイのホノルルに寄港した時、万次郎を除く漁師仲間四人は下船した。

一方の万次郎はそのまま船に残り、船長ウィリアム・ホイットフィールドの故郷マサチューセッツ州フェアヘイブンで、捕鯨漁に参加するなどしながらほぼ十年近くアメリカに住み、その生活に馴染んでいった。一八四九年の末近く、帰国を決意してその資金稼ぎの為にゴールドラッシュのサクラメントで砂金取りをする。

そして一年後、万次郎は日本を出てから約十年後の一八五〇年十二月、ハワイイに滞在していた仲間、一人は永住希望、一人は死去以外の残る二人とともに上海行きの商船に便乗して帰国を果たす。

万次郎のアメリカでの十年は、およそそういうものだったとされている。フェアヘイブンではキリスト教会に通い、主として船乗りに必要な教科を教えるバートレット・アカデミーで英語、数学の他、航海術、造船技術、測量法などの学科で主席になったとされる。だが彼にとってもっと大切な学びは、むしろ学校教育では得られない民主主義、普通選挙、男女平等、身分制度が理由ではない「差別」の存在だったろう。そして万次郎は、優秀な生徒だった。

だがこういうことを書きたかったのではない。ぼくが気になってならなかったのは彼の残した一冊の手帳、もっと言えばその中の一ページだ。

万次郎は、上海行きの商船に積んだ自前の小型船アドベンチャー号で琉球に上陸してから薩摩藩をはじめ、あれこれ幕府の尋問を受ける。中でも薩摩藩主・島津斉彬は自ら万次郎から話を聞き、開かれた国アメリカの文明と技術に心奪われたようだ。特筆すべきは土佐藩の取り調べで、日本画家で思想家の河田小龍は藩主・山内容堂の許しを得て万次郎を家に引き取り、母国語を忘れてしまった万次郎に日本語の読み書きを教える代わりに英語を習う。

万次郎はアメリカに関する大局は藩の取り調べで話したろうが、日常の雑事、アメリカ生活の小さな出来事は小龍に少しずつ語ったようだ。小龍はアメリカの諸事情を知って驚嘆したらしい。中でも国の頭領である大統領を一般国民の投票によって決めると知って、最初はとても信じられなかったという。

小龍は、その万次郎の語るあれこれを克明に記した。ここに一冊の本がある。タイトルは『半舫斎雑記』。半舫斎は河田小龍の書斎号で、万次郎から聞いたアメリカのことが書き留められて

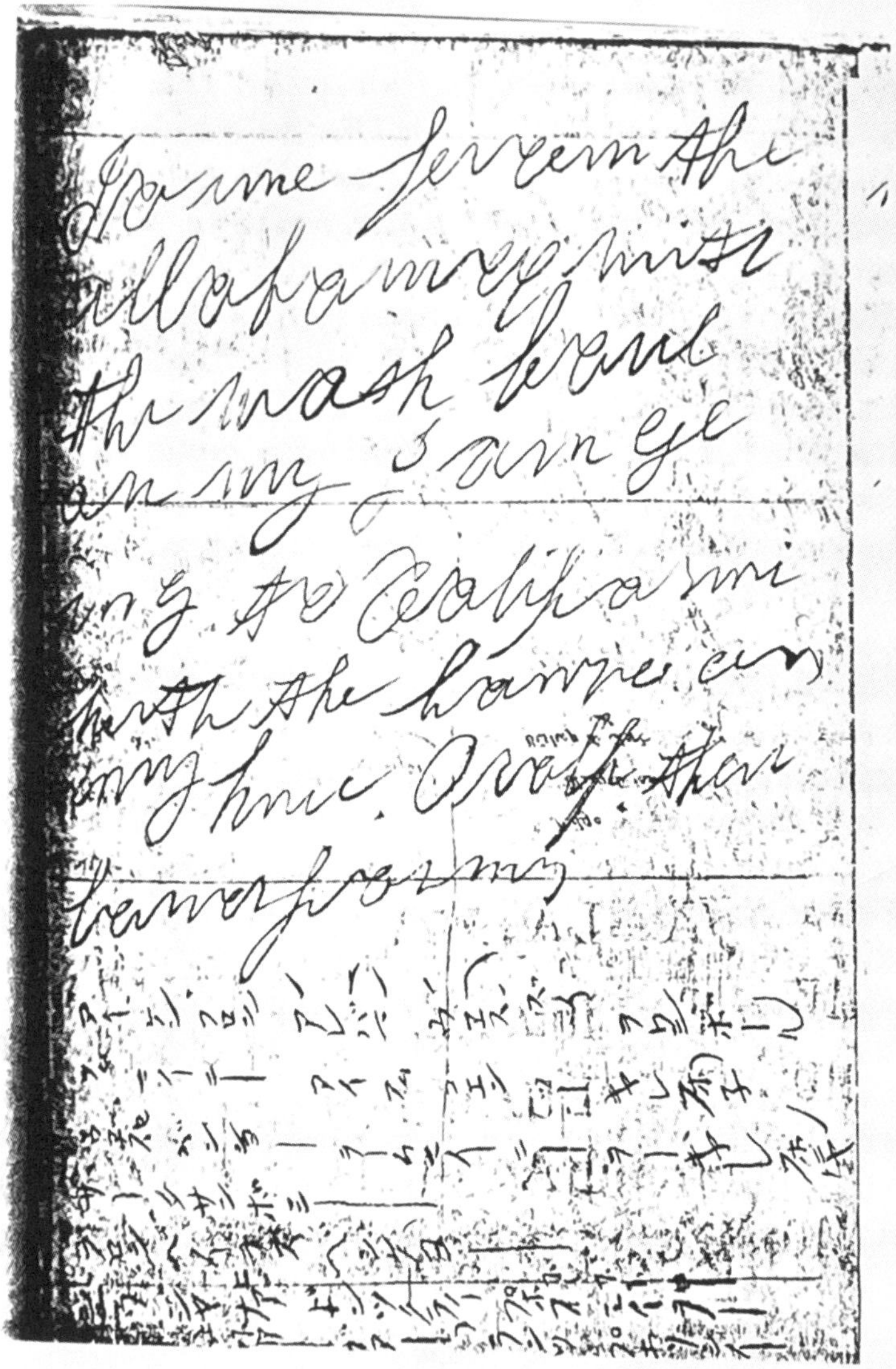

ジョン万次郎が伝えた『おお、スザンナ』の詩

いる。その中に一つの詩がある。横文字の英語の隣にカタカナで、こんなことが書かれている。その最初の一行は、

「アイケン　フロン　アレバマ　ウェス　ズイ　ヲワシボール」

とある。冒頭の「アイケン　フロン　アレバマ」は「I came from Alabama」だとわかるが、続く「ウェス　ズイ　ヲワシボール」はよくわからない。最初の二語は、おそらく「with the」だろう。では「ヲワシボール」とは何か。

「ヲワシ」はもしかしたら「wash」かもしれない。「wash」は人によっては「ウワッシ」と発音する人もいる。「walk」が「ウオーク」であるようにだ。万次郎には「wash」が「ヲワシ」と聞こえた。「ボール」は「bowl」で、「wash bowl」は洗うための鉢だろう。普通、砂金を砂や土から取り出すには、平らに近い、ちょうど金属製のパイ皿に似た「washing pan」が使われる。この平たいパンに水と一緒に掬った土や砂を洗い流し、比重の重い金だけが残るように皿を回しながら傾ける。

だが、万次郎たちのような即席の砂金取りは、専門道具のwashing panを買うまでもなく、身近にあったサラダボウルや洗面器などで代用したのではないだろうか。

フォスターの書いた『Oh, Susanna』は、「I came from Alabama with the banjo on my knee」と歌う。「愛用のバンジョーを膝に乗せて馬車に乗り、アラバマからやってきたんだ」と歌うのは南部の黒人奴隷たちで、音楽好きの黒人たちにとっては、当時バンジョーなどの楽器は必需品だった。

この歌の洗礼を受けた労働者たちが、カリフォルニア・ゴールドラッシュにやってきた。自ら

の一攫千金を夢見た人もいれば、主人から派遣された「労働奴隷」もいた。南部の農園で人手が余っている場合、奴隷たちは北部の工場地帯や東部の炭鉱地帯、また西海岸の農園や、このカリフォルニアの砂金採掘場などで働かされる外部労働専門で、賃金だけは買主の手に渡った。

かくして『おお、スザンナ』の歌を心に持った人々がカリフォルニアに集まり、皆で歌うたびに、歌詞は自らの砂金取りの仕事での言葉に変えられていった。それが「ヲワシボール」の正体だ。そしてこの砂金騒ぎで沸騰する土地での必需品は、バンジョーではなく「洗いパン」だった。万次郎は、その変えられた歌詞の『おお、スザンナ』を覚えた。彼がカリフォルニアのゴールドラッシュを経験しなければ知らないことだった。

それを彼は、河田小龍に聴かせた。歌ってみせたと思う。万次郎はこの歌を歌えた。歌わないと、歌詞を覚えるのは案外難しい。メロディに乗せないと、言葉は簡単に変容してしまうことがあるからだ。

万次郎は、ハワイイでこの歌を歌ったろうか。鳥島からの仲間の漁師たちにも聴かせたろうか。それがラハイナのことであっても、少しもおかしくない。万次郎がラハイナに滞在したという、はっきりした資料は今のところ見つけられない。だが、彼がラハイナにいたろうという確信、うっすらとした確信がぼくにはある。

ぼくの祖父は鹿児島出身で、彼の地特有の武術、剣術の示現流に達者だったと聞く。明治の中頃だろうか、彼は鹿児島から東京に出てきてとりあえず、その時代薩摩人の多くがそうであったように、当時の東京警視庁本署の巡邏《じゅんら》とか邏卒《らそつ》とかまだ呼ばれていた、今でいう巡査の仕事に就いたと聞く。

柔道をよくしたとは聞いたが、本当だろうかという思いがぼくにはあった。だがある日、アメリカの第二十六代大統領、セオドア・ローズヴェルトにホワイトハウスで柔道を教えたという講道館四天王の一人、山下義韶《よしつぐ》十段のことを調べたくて講道館の資料室に行った時、初期の講道館の門弟票のようなものを見た。そこに祖父の名前があったことには驚いた。中学時代、ほんの少しだけ柔道をやったことがある身としては、祖父もまた嘉納治五郎の弟子の一人であったのはうれしかった。

その祖父はある日、突如アメリカへ行く。どういう転機があったのかはわからない。確か、小笠原諸島の父島から密航したという。同志社大学の新島襄もまた父島から密出国したと聞いたことがあるけれど、どうやら間違いで新島は「箱館（函館）」から脱国したらしい。

祖父のことを知りたくて、父島に行ったことがある。一つには祖父と同じキリスト教聖公会の聖ミカエル教会を訪ねたかったこともある。だが調べてみると、祖父はこの父島ではなくまた別のどこかの港から日本を後にしたようだ。いずれにしろ彼はまずハワイイに着いて、しばらくの間、さとうきび畑で働く日本移民たちの用心棒のようなことをしていたらしい、とこれまた噂のように聞いた。多くの日系農場労働者は、先着のポルトガル人たちからいじめられていたと伝えられている。

だが何故か祖父はそこには落ち着かず、まさに天啓のようにキリスト教に回心して、やがてハワイイを後にしてカナダの北の町、アラスカ州の南のプリンス・ルーパートの聖公会の伝道所で伝道師になる。その後ヴァンクーヴァーの日本人教会の牧師になったのだが、そのことはここでは関係がない。父島での、万次郎について知ったことを書く。

万次郎はアメリカから帰って幕府の通詞として働く他に、父島への探検に出かけたり、その地で捕鯨漁に精を出したりしたようだ。一八四九年から一八八八年までの三十九年間に五度にわたって父島を訪ねたが、うち四度は鯨捕りのためだった。かつてペリー提督は、父島にアメリカの捕鯨基地を作ろうと土地を購入したことで知られているが、この周辺、ハワイイと父島と北海道を結ぶ三角地点はマッコウクジラ漁の一大漁場として「ジャパングラウンド」と呼ばれてきた。そして万次郎もまた、多くのマッコウクジラを捕ったことは記録に残されている。一八六二年（文久二年）の四度目の父島での鯨漁では、マッコウクジラを二頭捕獲したという航海記録がある。

万次郎はこの父島で、かつて彼が滞在したマサチューセッツ州からやってきた、父島への最初の入植者であるナサニエル・セイヴァリーに会っている。セイヴァリーもまた、一時期捕鯨に携わっていたと聞く。商船の船員だったセイヴァリーは、ある時怪我した手の治療のために下船したハワイイで、父島への入植計画を知って加わったのだった。

父島での彼は家畜を飼育し、それを寄港した捕鯨船や商船に食料として販売する仕事で生計を立てていた。万次郎が父島訪問の折には、何度も会っていたという。二人の接点は、あまりにも多い。きっと、話も合ったのだろう。

万次郎は日本の開国、開化、欧米列強に伍する力を若い日本に与える能力では抜きん出ていた。近代日本の恩人である一方、彼はまた生粋の漁師だった。それも鯨捕りでは、手練れた漁師だった。その彼が、ハワイイの有数の捕鯨の町、ラハイナに行かなかったはずがない、とぼくは夢想する。

大洋を渡って来た風の吹き過ぎる鯨捕りたちの町ラハイナで、万次郎は土佐からの仲間と会ったに違いない。そして何よりも彼は、アメリカの西の外れの黄金に沸く土地の話と、そこで愛唱されていた『おお、スザンナ』を歌って聴かせたに違いない。

今ぼくは、しばらく行っていないラハイナの、かつての面影を探しても見つからないだろう疲弊困憊したラハイナの町を思い出しながら、万次郎と鯨捕りと砂金取りたちが歌ったと思われる『おお、スザンナ』のメロディが蘇るにまかせている。そう、ぼくには今も、ラハイナの海辺で大洋の風に吹かれながら、思い出したように『おお、スザンナ』を口ずさんだりしている万次郎が見えるような気がするのだ。

ラハイナ、早く立ち直れ、そしてまたぼくに夢の続きを見させてくれ。

東 理夫（ひがし・みちお）

作家、エッセイスト、翻訳家。アメリカ文化への造詣が深く、ミステリーから音楽、料理まで幅広い分野で執筆。ブルーグラス奏者としても活躍。著書に『コンプリート版 アメリカは歌う。』『アメリカは食べる。─アメリカの食文化の謎をめぐる旅』（ともに作品社）、『アメリカのありふれた町で』（天夢人）ほか多数。訳書に『ミリオンダラー・ベイビー』『ブラック・ダリアの真実』（ともに早川書房）など。

カラーズ オブ マウイ

野口祐一

2012

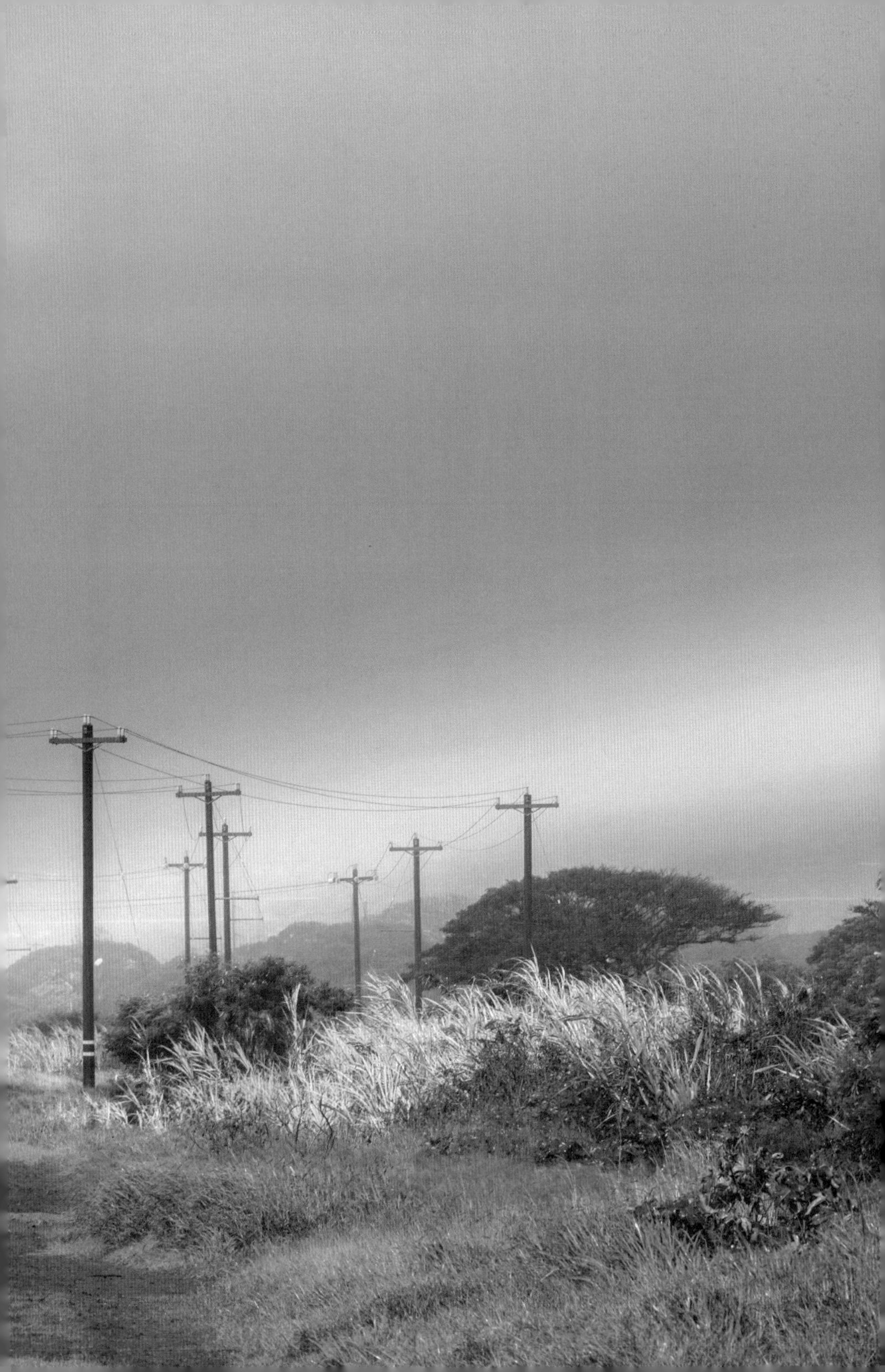

ハワイに通いはじめて20年ほど。オアフ島、ハワイ島、カウアイ島、それにモロカイ島やラナイ島にも行ったが、マウイ島では風景の多様さにいつも癒されている。

ハナを中心とする島の東エリアのさまざまな緑、ハレアカラの赤茶けたクレーター、吸い込まれるような青をたたえたホノルアベイ。かつてサトウキビ工場があったカフルイのあたりに現れた虹にはハッとした。通りにまであふれる真っ赤なアフリカン・チューリップ、濃密な色と香りを放つプルメリアも印象に残っている。

ラハイナを襲った山火事では、川に流れるはずの水についての問題を耳にしたが、マウイ島に限らず諸島のあちこちで、いろいろな変化が起こっていることに気づく。ハワイ島では、ハワイの人たちの聖地であるマウナ・ケアへの入山が年々厳しくなっている。オアフ島のハナウマ湾もしかり。ハワイ諸島は観光の島である一方で、地元住民はその土地に受け継がれてきた自然や伝統を守るために声を上げている。僕らは彼らの声を聞きながら、行って楽しませてもらう、写真を撮らせてもらう、旅行させてもらうという気持ちが大切なんだと思う。

20年前と現在ではいろいろなことが変わった。この先、20年経ったらまた変わるだろう。それがいい方向に向かえばと願っている。

P198　約600ものカーブが連続するハナ・ハイウェイ。険しい道の間に見える素晴らしい景色が多くの旅行者を魅了してきた。
P200　マウイ島東部、ピイラニハイウェイ沿いに広がるマナワイヌイ渓谷。雨風による浸食や火山活動により独特な景観を形作る。
P201　マウイ島北部、カハクロア付近の海岸にできる潮だまり「オリビーンプールズ」。干潮時にはハート形の天然プールが出現する。
P202　マウイ島随一の透明度を誇るホノルアベイ。シュノーケルのポイントでもある。
P204　ハレアカラ山頂付近の広大なクレーター。東西にトレイルがのび、月面を歩いているかのような神秘的な雰囲気を味わえる。
P206　ハワイ語で太陽の家を意味するハレアカラ。山頂から見る朝日、夕日は素晴らしい。
P208、P209　ウインドサーフィンで有名なホオキパビーチ。夏場は波も穏やかなため観光客にもおすすめ。
P210、P211　パニオロの町マカワオにて。標高が高いため爽やかな風が通り抜けフォトジェニックな街並みが続いている。
P212　ハワイで最後まで稼働していたプウネネの製糖工場にかかる虹。昔ながらのハワイの風景。

野口祐一（のぐち・ゆういち）
出版社写真部を経て2021年に独立。雑誌『ハワイスタイル』をはじめ、旅、食、ライフスタイルなどさまざまなジャンルで活動。2016年に写真展『HAWAIISCAPE』展を開催。2005年以降、毎年ハワイの今を撮り続けている。
https://yuichinoguchi.com

太陽に愛された島

永田さち子／文
宮澤 拓／写真

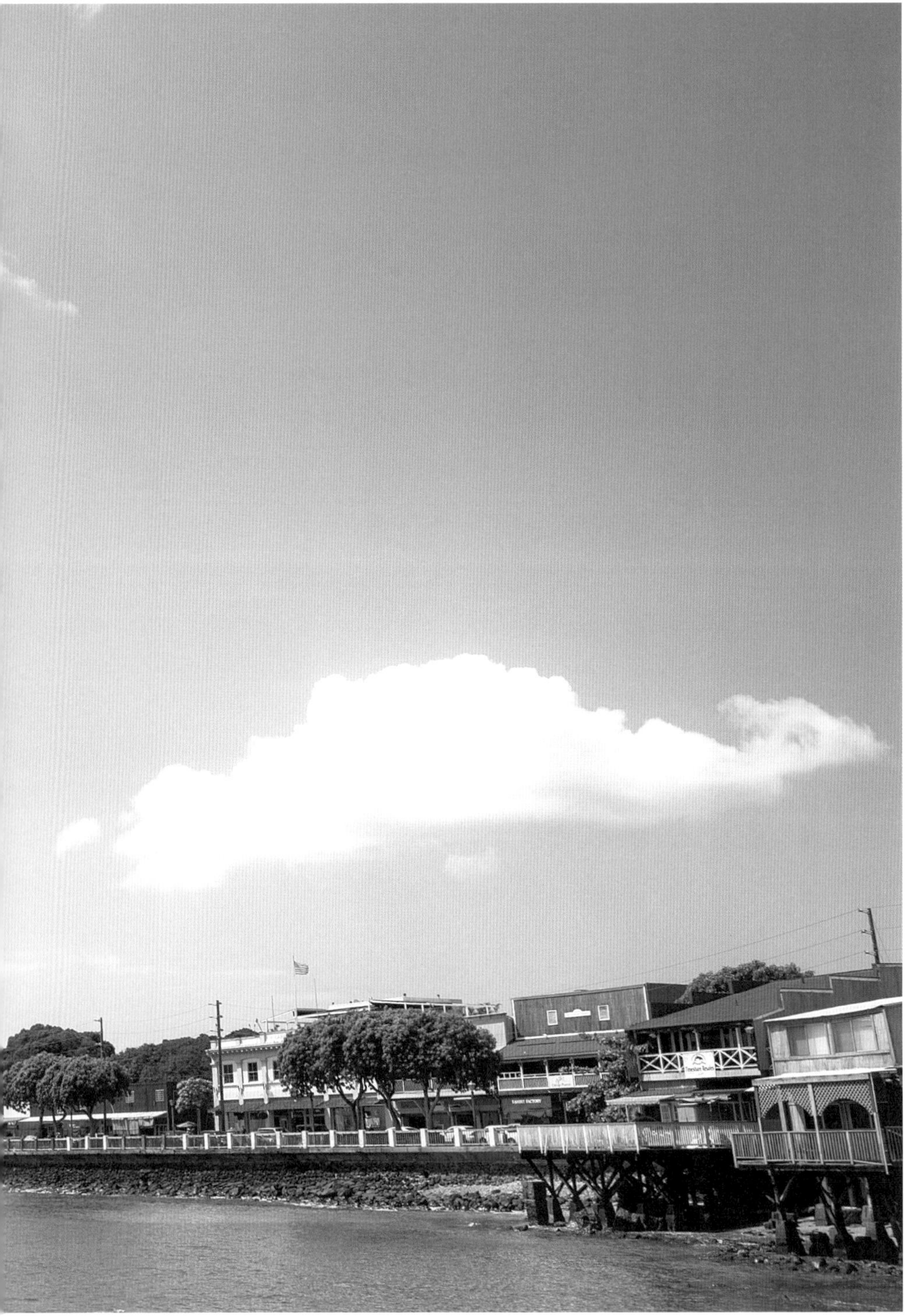

雨女だと思う。普段の生活ではあまり感じていないけれど、肝心なときにかなりの確率で雨が降る。例えば、1年間の90％が晴れといわれるロサンゼルスのマラソン大会では、豪雨のうえに小雪まで舞う荒天となった。つい先日の国内取材でも、なぜか私たち取材チームが移動する上を線状降水帯が追いかけて来て、避難勧告まで出てしまった。

これは旅のライターとして、かなり不利なこと。ハワイも例外ではない。晴天であれば数時間で終わる撮影が翌日に持ち越してしまったり、最悪なのは2〜3日待っても天候が回復しないこと。結局は撮影にならず、スケジュールの組みなおしなんて経験も少なくない。ワイキキでばったり会った知人から「最近、雨の日が多いと思ったら、やっぱりあなたが来てたのね〜」と、冗談とも、嫌みともとれる言葉をかけられたことも。

そんな雨女の私が、マウイ島では一度も降られた記憶がない。いつもピカピカの太陽が迎えてくれる島、それが私にとってのマウイ島だ。

生き物たちも憧れる、ハワイの海

多くの人々が憧れるハワイは、海の生き物たちにとっても楽園だ。冬の間、温かい海を求めアラスカから約4800キロを旅してきたザトウクジラは、ハワイ沖で出産と子育てをする。ハワイの海に集まってくる理由は、海水温の高さだけでなく海の透明度もあるらしい。天敵となるシャチから身を守りやすいという話を聞いたことがある。そんな生命のドラマが繰り広げられるハワイの海で、最もたくさんのクジラが集まるのが、マウイ島西海岸のラハイナ沖だ。

12月下旬から4月のラハイナ・ハーバーからは、大小さまざまなホエールウォッチングのボートが出航する。ハワイでは海洋生物を守るため、モンクシール、ウミガメ、イルカ、クジラなど、それぞれの海洋生物との推奨距離、つまり「これ以上近付いてはいけません」という距離が定められていて、クジラの場合は最低90メートル以上離れなければならないことになっている。

訪れたのは1月の下旬。義母とのプライベートなハワイ旅行だった。子育て中で神経質になっているクジラは、船のエンジン音にも敏感に反応して離れて行ってしまうとのこと。ならばエンジンが小さな小型船のほうがいいのではないかと、一番小さいボートのツアーを選んだ。

ラハイナ・ハーバーを出港して15～20分で何艘かのホエールウォッチ船が停泊するスポットに到着するや、双眼鏡で海面を見渡していたスタッフが、「ほら、あそこ！　3時の方向に！」と叫び声をあげた。その方向に目を凝らすと、かなり離れた場所の海面が白く波立っているのが見える。目が慣れてくるに従い、それが二葉が開いた形をした、尾びれであることに気付いた。

それからの船上は、いよいよ動きがあわただしくなってくる。「10時の方向にも2頭！」スタッフの声が響くたび、乗客も大興奮状態。私と義母は揺れる船上で転ばないよう体をくっ付け合いながら、前後、左右、カメラ片手に目を凝らしてクジラの姿を追う。すると突然、数十メートル先の海面からクジラの頭がニョキッと現れ、ジャンプした。そのとき一瞬、クジラと目が合ったような気がしたのだ。

帰国してそのことを家族に話したら「それは、気のせいだよ」と一笑に付されたけれど、たしかにあのとき、クジラは私にアイコンタクトを送ってくれたのだと信じている。

ラハイナ名物、二人のアンクル

ラハイナには、二人の名物おじさんがいた。一人は、ラハイナのメインストリート、フロント・ストリートでオーダーメイドのレザーサンダルを作っていた「アイランド・サンダル」のオーナー。サンタクロースのような白ひげをたっぷり蓄えた、年齢不詳の男性だ。

もう一人が、ラハイナ・ハーバーを見渡す港の一角にあったホテル「パイオニア・イン」の入り口に立つ、義足の老船長の人形。にやりと笑っているように見えるその顔は、ホエールウォッチングから帰ってまだ興奮が収まらない私たちに、「お帰り、どうやらたくさんのクジラに会えたようだ」とも話しかけてくれているようだった。

イギリス人の実業家によって建てられたパイオニア・インの創業は1901年。ハワイ州で最も古いホテルともいわれている（同じ年に、オアフ島には〝ワイキキのファーストレディー〟のニックネームをもつ「モアナサーフライダー」が開業している）。


ちなみにパイオニア・インは、いくつかの映画にも登場している名物ホテル。そのひとつが、1961年公開のアメリカ映画『The Devil at 4 O'clock（4時の悪魔）』。南太平洋の小島で起きた火山爆発からの脱出劇を描いたもので、その舞台となって撮影が行われた。映画を観れば、在りし日のパイオニア・インに出合えるわけだ。けれども映画から60年以上を経て山火事で焼失してしまったのは、なんという皮肉なめぐりあわせだろう。

老船長はホテルとともに焼失してしまった。サンダル屋のオーナーも火災で命を落としてしまったとのこと。再びラハイナを訪れる日が来ても、二人との再会が叶わないかと思うと、胸が痛む。

ISLAND SANDALS

PIONEER INN
GRILL & BAR
EST. 1901
LAHAINA, MAUI

マウイ島の小さな町歩きと、まだ見ぬハナ

歩いてぐるっと回れるくらいの広さの、小さな町が好きだ。あまりおしゃれ過ぎず、少しだけ流行に取り残された場所が残っていて、時間が止まったみたいにのんびりした町。ハワイには、そんなスモールタウンがまだまだたくさんある。ハワイ島ならヒロ、ホノカア、ボルケーノ・ヴィレッジ。マウイ島の場合は、まっさきに名前が挙がるラハイナ。ほかには、パニオロと呼ばれるハワイアンカウボーイの町マカワオや、ウインドサーファーの聖地パイアもいい。ノスタルジックさでいうなら、ワイルクは、鄙びた感じが実に私好み。

ワイルクは、マウイ島の景勝地のひとつ、イアオ渓谷の入り口にある。ここはマウイ群の郡庁所在地、つまり島の政治、経済の中心。最後に訪れたのが10年以上前なので、今の景色は変わっているかもしれないけれど、私の記憶のなかのワイルクは、とてものどかで眠っているような町。

19世紀初頭、キリスト教の宣教師たちが集まって形成したワイルクには、古い教会や歴史的建造物が多い。この町で、ウォーキングツアーに参加したことがある。町の歴史をツーリストにもっと広く知ってもらうために実施されるようになったとのことだが、ツアーとはいっても、時間制限もコース指定もなし。主催する団体のオフィスで地図をもらったら、あとは自由に町を歩き回る（現在は、スマホで読み込んだマップを見ながら歩くツアーが実施されているらしい）。

この町の象徴ともいえるのが、1832年に創設されたカアフマヌ教会。マウイ島で最も古い教会だ。現在は白亜の教会としてウエディングでも人気となっているが、建てられた当初は草ぶきの小さな小屋だったとか。白い建物を囲む緑の芝生が、とても気持ちいい場所だ。

ほかにも、宣教師の住居だった建物を利用した博物館、小さな劇場などを半日かけて歩いた。教会の敷地の芝生では、「サム・サトウズ」からテイクアウトしたサイミンを食べ、ゴロンと寝転がって少しだけ昼寝をした。ハワイの魚屋が珍しくてのぞき込んでいたら、店主らしきおじさんに話しかけられ、つたない英語でおしゃべりしたことも記憶に残っている。

アップカントリーに位置するマカワオには、クラのラベンダーガーデンやハレアカラに向かう途中に立ち寄った。ここは周囲に牧場が点在する、パニオロの町。プランテーション時代の名残をとどめる木造の建物に、セレクトショップやギャラリーが入っていて、古さと新しさが混在するようなところ。歩道の所々には、かつて馬を繋ぎとめた杭が残り、カウボーイならぬ、おしゃれなカウガールに出会ったこともある。

まだ訪れたことがなくて、必ず行ってみたいと思っているのが、島の最東端のハナ。ハレアカラの東斜面にぽつんとある小さな町までは、空港があるカフルイから3時間近くかかるドライブコース。斜面に張り付くようにあるハナ・ハイウェイという険しい道を、600カ所以上のカーブを超えていかなければならない。

小さな空港はあるものの、手つかずの自然が残り、陸の孤島とも呼ばれるハナ。いつかは必ず訪れ、ハレアカラ国立公園の東端にあるキパフル・ウォークのトレッキングにトライするのが、長年の夢のひとつだ。

ハレアカラで出合った、ブロッケンの妖怪

ハワイ語で「太陽の家」の意味があるハレアカラ山の標高は、3055メートル。世界最大級の休火山である。映画『2001年宇宙の旅』のロケ地として知られていて、一面に広がるクレーターが、地の果てや宇宙を想像させる。

富士山にも匹敵する高さの山ではあるけれど、山頂まで車で行けるのがすごい。初めて訪れたのは1月。このハレアカラ・クレーター内と、ハワイ島のマウナ・ケア山山頂付近にしか存在しない高山植物・銀剣草（ギンケンソウ、Silversword）の周りは、うっすらと雪に覆われていた。名前の由来にもなっている銀色の剣のような葉が、雪解けのしずくでキラキラと輝いていたのが印象的だった。

二度目に訪れたのは9月。途中、マカワオの町でのんびり昼ご飯を食べ、夕方近くに山頂に着いた。標高3000メートルを超えるとさすがに9月でも寒く、震えながらサンセットタイムを待っていると、目の前の雲海にうっすらとした虹色の輪っかと、不思議な形の影がぼんやりと現れた。少しずつ輪郭がはっきりしてきて、しばらくしてそれが雲に映し出された自分の影だと気が付いた。初めて見たブロッケン現象だ。

ブロッケン現象とは、背後から差し込んだ太陽の光によって自分の影が大きく映り、その周りに色の付いた光の輪が現れること。ドイツのブロッケン山でしばしば観測されたことからこの名が付き、山の気象現象としてサンライズやサンセットの時間帯に多く見られるという。あの不思議な光景は、今でもしっかり目に焼き付いている。夕暮れ時、自分の影が細長く地面に映ると、標高3000メートル超のハレアカラで見た、妖怪に姿を変えた自分の姿を思い出す。

カアナパリ・ゴルフコースの悲劇

マウイ島へは、合宿みたいに賑やかな旅が多かった。初めて訪れたのはかれこれ25年近くも前。ライターとして旅の仕事をするようになって、初めての海外取材の地がハワイだったのだ。当時、ライターとカメラマン合わせ6〜7人のチームでハワイ入りし、1回の滞在日数が2〜3週間。離島取材のときは、マウイ島班、ハワイ島班、カウアイ島班と3チームに分かれてそれぞれが担当する島に入り、最後はマウイ島で合流するというパターン。現在、一緒にハワイ本を作っているフォトグラファーの宮澤拓さんとは、このときからの付き合いになる。

ラハイナの10キロほど北に、カアナパリというリゾートエリアがある。ここはかつて、マウイ王族の離宮があった場所。約4・8キロにわたって続く白砂のカアナパリ・ビーチは、全米のナンバーワンビーチに選ばれたこともある美しいビーチ。ここには火の女神ペレが創り出したと伝わるブラックロックがあり、ハワイ有数のパワースポット。かつてマウイの王子が高さ12メートル以上あるこの岩の上から海に飛び込み、勇気とリーダーシップを示したと伝わっている。伝統的なクリフダイビングは現在でも継承され、サンセットの時間になるとたいまつに火をともし、先祖への祈りとともにレイを海に投げ入れ、崖の先端からダイバーが飛び込むセレモニーが行われている。

ブラックロックの周りは、ウミガメが集まるスポットだ。ハワイでウミガメのことはホヌと呼び、幸福や繁栄を運んできてくれる海の守り神。神聖な生き物として大切にされている。拓さんとシュノーケルの撮影に出掛けたときには、ぶつかりそうなくらいの至近距離にまで、ホヌが近付いてきた。ホヌとの推奨距離は、場所にもよるが約6〜9メートル。明らかに近過ぎるわけなのだけれど、向こうから近付いてきたので問題なし。その幸福な体験が、今でも私をハワイへと呼び戻す理由のひとつになっている。

そんな幸福体験のあるカアナパリで、ひとつだけ不幸な出来事に遭遇した。リゾートを代表するゴルフコース、カアナパリ・ゴルフコースは、LPGAツアーも開催された名門ゴルフ場。20年以上たった今では笑い話になってしまったけれど、ここには苦い思い出がある。ゴルフ場の撮影中、フォトグラファーの拓さんをのせてゴルフカートを運転していて、ケガをさせてしまったのだ。仲間内では、私がカートで拓さんを轢いてしまった……ということで話が広まっているけれど、本当のところはカートを寄せ過ぎて、彼の足が道路の脇に設置されたポールの間に挟まってしまったというのが正しい。

痛がる拓さんをのせて、それでも私たちは撮影を続行したところ、悲劇はそれだけでは終わ

らなかった。コース内のカーブを曲がり切れず、谷間のブッシュにカートごと転落してしまったのだ。寸前で二人ともカートから脱出していたけれど、ブッシュをなぎ倒すものすごい音に驚いて、プレーをしていた人たち数人が、何事かとグリーンから飛び出してきたのだ。ブッシュのなかから急いでカートを引っ張り上げ、その人たちのまん丸な目と驚いた表情を後に、私たちは再び撮影を続けた。拓さんの足はかなり腫れあがってきていて、彼は「大丈夫、大丈夫だよ」とは言っていたけれど、相当痛かったに違いない。以来、私の運転はまったく信用されなくなり、今でも私は彼に頭が上がらない。

この話には、続きがある。翌日、取材に出掛ける前に病院へ行き、彼の足を診てもらった。レントゲン撮影の結果では、幸いにも骨に異常はなく診断はねん挫。シップを貼ってもらっただけの治療だったのだが、転んでもただでは起きない私たち。クリニックでの受付から診断・治療の様子をしっかりカメラに収め、『ハワイで病気やけがをしたらどうする？』という内容で、病院のかかり方、旅行傷害保険の使い方を紹介するコラムを作って掲載した。

当時のことを思い出すと、ゴルフクラブを抱えたまま飛び出してきたプレイヤーたちの、まん丸な目が思い出される。拓さんは今でも、ゴルフ場の近くに行くたびにこのことを思い出すというし、私もハワイのゴルフ場の話題や映像に触れると20年も前の記憶がよみがえり、彼には申し訳ないと思いつつも、ニヤニヤしてしまう。そして二人の間でこの話題が出るたびに、ケラケラと笑い出してしまうのだ。

No Rain, No Rainbow.

その後、私たちは、ガイドブックでは紹介しきれない、自分たちが好きなハワイの魅力を伝えたくて、10冊以上のハワイ本を作ってきた。そのなかに「ハワイの自然を歩く」ことをテーマに、オアフ島を紹介した一冊がある。次はハワイ全島のトレッキング&ハイキングコースを紹介する本を作ることが、私たちが掲げた目標だ。コロナ禍による中断を経て4年ぶりに訪れたハワイで、「来年こそマウイ島を歩きに行こう」と話したのは、２０２３年の夏のこと。その直後、ラハイナの町を炎が焼き尽くした。

ラハイナが、元通りの姿を取り戻すまでに、何年かかるかわからない。まったく同じ町がよみがえることは難しいだろう。でも人も町も、ずっと同じではいられない。いろんな事情で良くも悪くも変わっていくものだ。

「Rainbow State（虹の州）」のニックネームをもつハワイ。「No Rain, No Rainbow.（雨が降らなければ、虹は出ない）」ということわざがあり、これは「困難なことの後には、きっといいことがやってくる」という意味なのだそうだ。ハワイで虹は幸運の象徴と呼ばれていて、「滞在中に虹を見ることができた人は、きっとまたハワイへ戻ってくる」と聞いたことがある。雨女の私は、ハワイで虹に遭遇することが少なくない。次にマウイ島を訪れたら、大きな虹に出合いたい。それがきっと、ラハイナ復興の兆しになるような。

P218 [illegible]

P221 マウイ島とラナイ島に挟まれた海域は海が穏やかで、冬場は北からクジラが子育てにやってくる。

P224 「アイランド・サンダル」のオーナー、マイケルさんは、80歳の誕生日を迎えたばかりだった。

P225 ラハイナ・ハーバーを見守っていた老船長。海へと還り、今は新たな航海の途中かもしれない。

P226 上 さとうきび産業が栄えていた頃は、日系人もたくさん住んでいたパイアの町。

下 農業が盛んなマウイのアップカントリー、クラ。ストロベリー、マウイオニオンの産地。

P230 上 マウイ島最高峰ハレアカラの中腹は気持ちのいい緑の草原が広がる。奥に見えるのは西マウイ。

下 ハレアカラの山頂から望むサンセット。ここではさまざまな天体ショーが繰り広げられる。

P233 カアナパリ・ビーチのブラックロックで夕刻に催されるクリフダイビングのセレモニー。

P256 「Rainbow State」の名があるハワイ。ハワイにかかる虹には、訪れる者を包み込むような温かさがある。

永田さち子（ながた・さちこ）

ライター・編集者。国内外の旅、食、ライフスタイルをテーマに、雑誌やＷＥＢ記事を中心に寄稿。ハワイ渡航歴70回以上。ハワイに関する著書に『おひとりハワイの遊び方』（実業之日本社）、『50歳からのハワイひとり時間』（産業編集センター）の他、宮澤拓との共著『よくばりハワイシリーズ』（翔泳社）、『ハワイを歩いて楽しむ本』『ハワイのいいものほしいもの』（ともに実業之日本社）他がある。

宮澤 拓（みやざわ・たく）

フォトグラファー。ハワイの気候、風土、そして人々に魅せられてオアフ島に移住。雑誌や広告の撮影を手がけるかたわら「自分たちの目線でハワイの魅力を伝えたい」という思いで年に数冊ハワイをテーマにした書籍を制作。永田さち子との共著多数。ハワイ在住のフォトグラファーたちとハワイの写真サイトを立ち上げる（https://aosolaimages.com）。ＨＩＳのLeaLea Web(https://www.lealeaweb.com）の「今日の一枚」コーナーにも写真を提供中。

Water is Life
waiwaiという価値観

岡崎友子

「Ola I ka wai a ka 'ōpua（オライカヴァイアカオープア）」

生命の源は水であり、わたしたちはそれを空から与えてもらっていることを示す言葉です。

何年も前のことになりますが、何かの文章の中でハワイに古くから住む人の言葉にハッとさせられました。ハワイ語でＷＡＩ（Wai）は水を意味します。ハワイ諸島はどの島にもWaiがつく地名がたくさんありますが、マウイ島でも特にウエストマウイマウンテンズの麓にたくさんWaiから始まる地名があります。

まずキャピタルがWailuku（ワイルク）と言い、山から見下ろしてその右隣がWaikapu（ワイカプ）、左はWaiehu（ワイエフ）、その先にWaihee（ワイヘエ）とWaiがつく地名が目白押し。

ワイルクの一番奥にはマウイ島のおへそと呼ばれる聖地、イアオ渓谷があり、そこから流れる清流は海に注ぎ、多様な魚を引き寄せます。

清らかな水ほど尊いものはありませんでした。飲む、体を清めるだけでなく、水がなければ主食のタロイモは育たない。水が流れる周りには植物が育ち、森ができ、ありとあらゆる動物が生活します。また森のミネラルをたくさん含む川の水が海に流れこみ、海を豊かにし、魚も増えるので、ハワイアンたちは引き潮になると潮だまりとなるフィッシュポンドを造り、そこにとらわれた魚をついて重要な食料としていました。

古代ハワイにはアフプアアというシステムが存在していました。これはハワイのもっとも基本的な土地利用単位であり、生活の単位であり、社会経営の単位でした。アフプアアは、山頂から川の上流、河口までを含んだ、ピザを分けたようなかたちをしており、飲み水、食料（海の幸や山の幸、家畜）、建築資材、衣服の素材、装飾品まで全てその中で生産・消費できるという、生態的には全く無駄のない「きちんと閉じた」体系だったのです。アフプアアの実際の面積は40ヘクタールくらいの小規模なものから、4000ヘクタールにも及ぶ大規模なものまでさまざまでした。

水の流れに合わせて全てが循環する生態系を持つ区分で分けられているのは、水の流れで分けられていると言ってもおかしくありません。なので、どの区域にも水が行き渡っていました。

それぞれのアフプアアには食物を植える畑と、山には森林があり、住民はその中で自給自足をして暮らしていました。住民はAloha（敬意を持つこと）、Laulima（助け合い）、Malama（世話をする、大切にする）を実践し、それがバランスのある正しい生き方を作り上げていました。ハワイアンは土地、海、雲、そして全ての自然がいろんなかたちで繋がっていると信じ、できる限りバランスの取れた生活をするよう心がけていました。

サステナビリティはKonohiki（土地の管理人）とKahuna（聖職者であり、全ての職業における熟練者）が管理し、自然を取りすぎないよう彼らが食料を得る場所や時期も管理していました。

そういうわけで、古代のハワイアンにとって綺麗な水が流れる場所こそが理想の土地であり、水イコール富、もっとも価値のある財産であったのです。Water is Lifeということを常に実感しながら生活していました。

だから水Waiを2回繰り返すwaiwaiというハワイ語は、豊かさを意味するのも納得できます。ただしその豊かさの概念がハワイでは違うんだと、そのときの説明でハッとさせられたのです。

waiwaiでいう豊かさとは「多くを持つこと」ではなく「多くを人に与えることができること」なのだそうです。現代社会において、多くを所有すること、人よりたくさんのものを持っていることが豊さだと考えがちですが、アロハスピリットの土地、ハワイでは自分だけのために蓄えるという概念は存在しなかったのかもしれません（世界の多くの原住民が同じ価値観を共有しているのも興味深いです）。

誰よりもお金持ちでなんでも持っているのに、幸せそうに見えない人も世の中にはいます。それも少なくない。もしかしたら豊かさは富そのものにあるのではなく、その富を多くの人に分け与え、多くの人を幸せにできることにあるのかもしれません。

水が豊かさの象徴だった時代、ウエストマウイマウンテンズ、イアオ渓谷の裾野から海へ広がっていく土地は豊かな生活を多くの人に与えてきた場所だったのでしょう。

空気と同様、水が当たり前に手に入る今の生活では、そのありがたみを感じにくいかもしれないけれど、もしもその綺麗な水がなくなってしまったら？　食べ物を与えてくれる森がなくなり、動物も魚もいなくなってしまう。人が分かち合えるものがなくなり、資源は取り合いになり、心まで豊かさをなくしてしまうでしょう。

豊かさとはたくさんのものを持つことではない。なんとなく感じていたことだけれど、豊かさとは多くを分け与えることができることなのだという古代ハワイの概念は、妙にスーッと納得できる説得力がありました。富はためるものではなく分かち合うもの、自分の持っているものをシェアできる、そんな豊かさを持ちたいなあと思います。

素晴らしいアフプアアですが、残念ながら西洋文化が入ってきて開発が進む中で、そのシステムは無視され、忘れ去られそうになっていました。開発やサトウキビ産業のために、生態系や水の流れを無視した区分で土地が売買されるように。リゾートやゴルフ場で水を大量に使うため、人間の都合で川から水が引き抜かれ、涸れてしまう川もたくさん出てきました。流れに沿って存在したタロイモ畑が消滅し、川が運んでいたミネラルが海に流れなくなり海にも影響が出たことは長い間、問題提起されていましたが、今回の火事で大きく一般に知られるようになりました。

火事によってラハイナの水の利権問題が注目されるように。それまで州や大企業から長い間無視されていると感じてきたマウイ島の農民たちは、一般の人も一緒に闘ってくれるようになったといいます。州土地天然資源局のドーン・チャン議長は、実際に山の中で、リゾート地のために水が流れに逆らった方向に引かれているのを目の当たりにし、緑輝くゴルフ場やリゾートのプールのためにタロイモ畑が涸れ、住民が水の使用を規制されるのはおかしいと立ち上がりました。

農民や河川修復の支持者らは、川沿いでの伝統的な農業をさらに増やすことでハワイ文化が回復し、健全な農業が促進され、火災が防止されると主張。極度の乾燥がラハイナ火災に拍車をかけたという事実は、地域社会に健全な小川の重要性を示しているといいます。

「火事は言葉にできないくらい悲惨な出来事だったけれど、今、みんなが水のために、そして農家のために立ち上がっているのを見ると、今までほど孤独を感じなくなりました」。長い間、水の権利を政府に訴えてきたラハイナの女性は言いました。

全て燃えて何もなくなってしまったラハイナ。今こそ昔の水が豊かだったラハイナを取り戻せるチャンスでもあります。時間をかけてでも、アフプアアが教えてくれる、自然と共に生きる町を取り戻そう。そういう復興を望む住民を代表するハワイアンリーダーたちが立ち上がっています。自然は人間の都合ではどうにも動かせない。動かそうとすればしっぺ返しを喰らう。そのことを世界のあちこちで、私たちは今経験しているところだと思います。

ラハイナは自然の恩恵を受けながら、自然の循環の中の一部として生活できる町を目指しています。そして水が戻り、緑が豊かになったラハイナは、その美しさとアロハに満ちあふれた町の雰囲気で、さらに観光客を惹きつけると思うのです。

ラハイナの町で気さくに笑顔をかわし、困っているとすぐに助けてくれ、家になったマンゴーをいくらでも持って行きなさいと分けてくれる、そんな経験をした人も多いはず。アロハに満ち、緑と青い海に囲まれたラハイナの復活は、私たちみんなの行動にかかっていると思うのです。

岡崎友子（おかざき・ともこ）

オーシャンアスリート。プロウインドサーファーとして、'90年代にはウエイブ年間ワールドランキング2位、その他入賞多数。その後スノーボード、カイトサーフィン、サップ、フォイルサーフィン、ウイングサーフィンなど多数のスポーツの黎明期にかかわってきた。現在はマウイをベースに、インスピレーションをもらった人や場所、出来事について記事を投稿するとともに、ツアーやイベントで自然と向き合える経験を提供。マウイ島西部の山火事における、さまざまな復興支援を続けている。

https://www.tomokookazaki.com

マウイ島ラハイナを巻き込んだ山火事の1ヶ月後に、ラハイナ近くの海、ウクメハメで行われたパドルアウト。サーファーたちが沖で輪になり故人を偲び、みんなで心を一つにして理想的な昔ながらのラハイナを復活させることを誓った。

photo / Matty Schweitzer

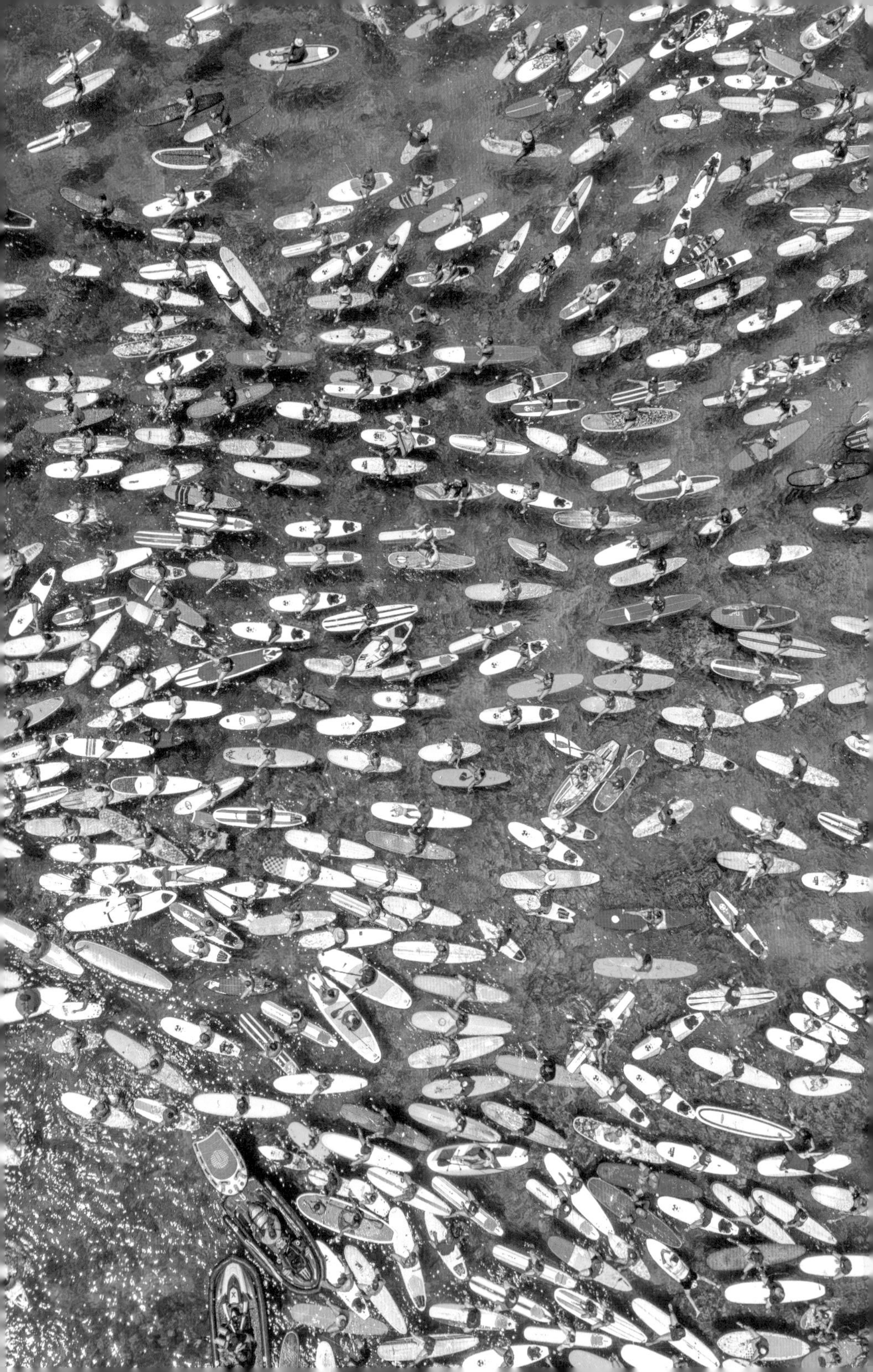

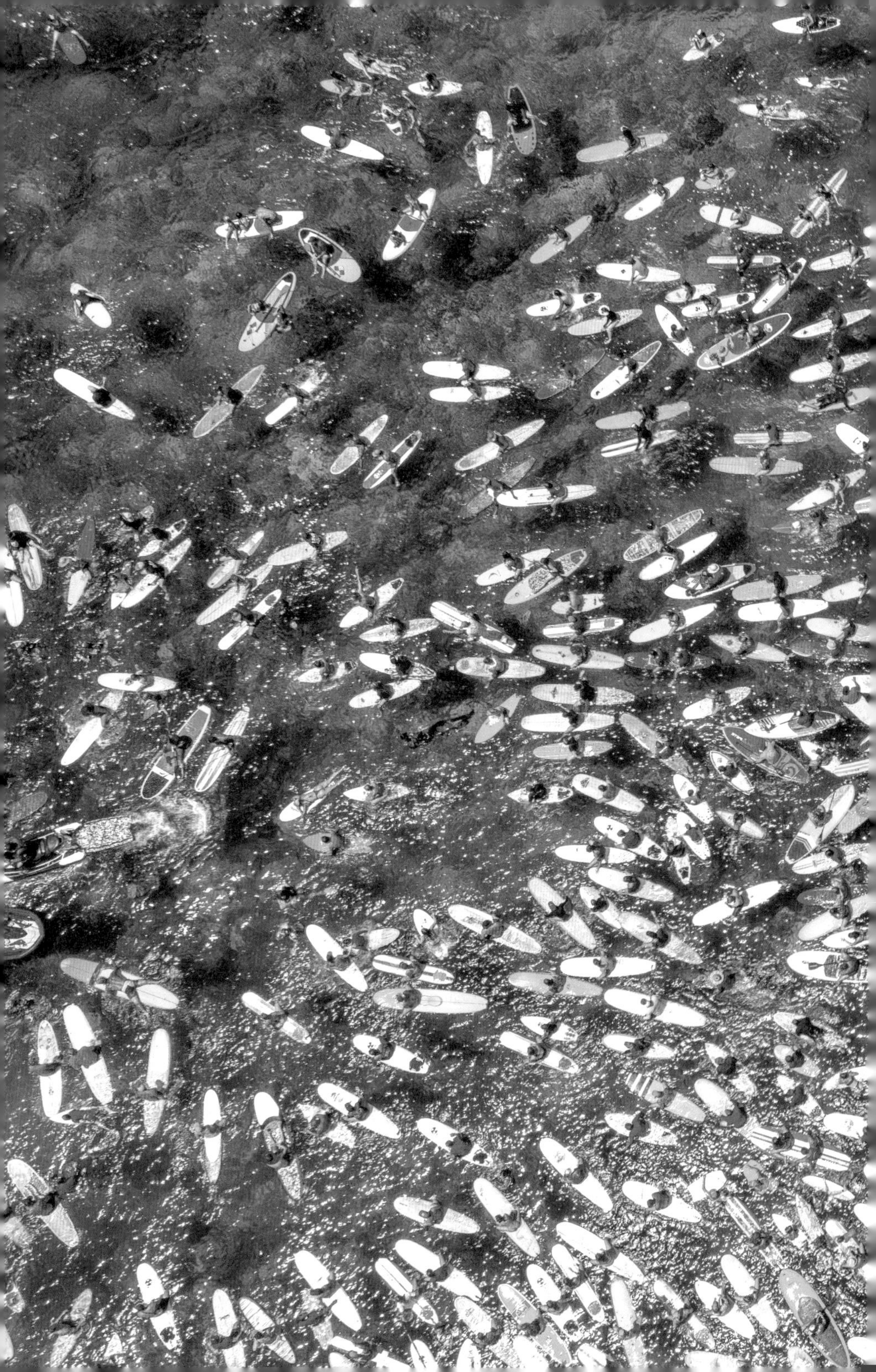

『西瓜泥棒』 画・笹尾としかず

ハワイの泥棒さんはあっけらかんとして明るい!

笹尾としかず (ささお・としかず)

イラストレーター、絵描き。1996年、著書『ハワイの3にんぐみ』(講談社)で第18回講談社絵本新人賞を受賞。『JAZZ STORY』(BNN)、『ハワイ音楽ゆるゆる気分』(インターリンクプランニング、山内雄喜と共著)、『絵でわかるマイルス・デイヴィスの生涯』(ロコモーションパブリッシング)など。他に、CD(選曲、解説、装画)も数多く手がける。

マウイへの思い　――　あとがきにかえて

マウイの大火災はハリケーンのような暴風と溶鉱炉のような高温を生じさせた。災害に遭われた方たちに逃げ場は少なかったのだと思う。わが国の大地震を思い浮かべた方もいらしたことだろう。災害から数週を経て周遊船がいち早く営業を再開した。数少ない乗客を前に歓迎の挨拶を行った船長は居ずまいをただした。「ひとつお願いがあるのです。大災害は建物や人を滅ぼすだけでなく、残された人たちの心も押し潰そうとします」。彼女は言葉を選ぶようにゆっくりと語った。「みなさんは私たちに一声かけたいと思っていらっしゃるかもしれませんが、どうかお気持ちは心のなかに留め置いてください。クルーたちは今心に多くのものを抱えています。そっとしておいてくださるのが何よりの心配りなのです」。船長はそう言って軽く頭を下げた。

多くの方たちからいただいた貴い支援金にはさまざまな思いが込められている。その思いは無言であっても被災者やその関係者を支えてくれると信じたい。執筆者を代表し、みなさんの支援に心より感謝申し上げます。

二〇二三年一二月　　近藤純夫

一二月の気持ちのよい日曜日、神奈川・葉山の海で行われたアウトリガーカヌーのマウイ島チャリティレースで、主催者のＤＵＫＥさんの言葉に胸を打たれました。「葉山と対岸の町ラハイナは、海と空でつながっている」。「私たちのアロハの気持ちを海に伝え、この地球を愛で包むことで世界が変わる」。海に漕ぎ出る前の祈りの輪のなかに、きれいな目をした子どもたちがいたことに希望を感じました。

二〇二七年まで環太平洋航海の旅の途上にあったハワイの伝統航海カヌー「ホクレア」は、カリフォルニアのサンディエゴからいったんマウイに戻ることに決め、セイルプランを変更。「ラハイナは航海において重要な拠点であり、家族がカヌーを必要とし、カヌーも家族を必要としているから」と。世界のどこにいても、海と空でマウイとつながっているのですね。

本書は、12名の著者がボランティアで寄稿くださり、多くの方々から支援金を預かり、制作チームや家族の助けがあって形にすることができました。みなさんに感謝申し上げるとともに、助け合いの輪が広がることを願います。

二〇二三年一二月　　増本幸恵（リトルギフトブックス）

Special Thanks

AIRI PENGIN
Alohilani 小笠原理江
David and Yuiko Tilford
Emi Kato
Hiro Kawabuchi
JACKLABO
Katsuhisa Kobori
KATSUMI OSAKA
Kazuhiro Takahashi
Kikue Nishi
KOICHI KOMIYA
MASAHIRO YUKI SANO
memi uda
Michi Ka'ohulehua Teratani
miyaeclair
norider1126
OZEKI JUNKO
Rene Herse Cycles
rika
SACHIKO ISHIHATA
SACHIKO TANAKA
SAITAMA/Kz-Hirakata
SAYOKO HARADA
Shinya Kodaira
TAKA MIKA
THE FIVE ☆ BEANS
Y&Y KISHI
YUKA IYAMA
Yukari Wakayama
YUMI SOGA
青木美樹
浅海伸一
梓沢真琴
天野泰守
石川茉帆
石川雄治
一田憲子
伊藤りかこ
井ノ口英俊
岩﨑由佳
うえたまうい
おおいしれいこ
大場孝
大場秀美
大場理沙
大和田幸代
落合明人
嘉義千恵子
一般財団法人掛井五郎財団
柏木美子
春日亀美智雄
加藤和賀子
川嶋みどり
河野 博
菊池栄子
橘田みどり
クリス智子
小島喜和
宍戸ファミリー
鈴木雅子
高木郁帆
高橋昌寛
高村陽子
竹下伸一
竹下美咲
田中秀長
たまつばき
永長晶子
中澤浩二
中田啓子（Lilikoi.inc）
永田さち子
永吉裕理
原 多加志
東田京子
フィリップス律子
藤淳夕
藤原恵美子
夫馬典子
フラエレガンス律ナカハラ
古屋江美子
堀 雅子
前川あかね
前川佐喜子
宮崎秀雄
宮本照代
柳 恵介
山本 忍
山本優佳
結城伸夫
結城陽平
吉田祐子
渡邊悦代

Dear Maui

マウイを巡る12の物語
2024年2月8日 初版第1刷発行

著者
今井栄一 / 岩根 愛 / 岡崎友子 / 近藤純夫
笹尾としかず / 佐藤秀明 / 高砂淳二 / 永田さち子
野口祐一 / 東 理夫 / 平川 亨 / 宮澤 拓（50音順）

印刷　株式会社シナノ パブリッシングプレス
装幀　皆木祥吾
校閲　藤吉優子

タイトル文字・笹尾としかず
帯の写真・高砂淳二

発行者　増本幸恵
発行所　リトルギフトブックス
〒248-0007 神奈川県鎌倉市大町6-6-1
tel & fax　0467-38-6365
littlegiftbooks.com
info@littlegiftbooks.com

ISBN 978-4-911077-02-3　C0026

本書は、2023年8月にハワイ・マウイ島で起こった山火事を受け、「マウイ島本で復興支援プロジェクト」の一環としてつくったものです。販売利益は「マウイストロング基金」を通じてマウイ島の復興支援にあてられます。

リトルギフトブックスの本

遠く、近く 掛井五郎のこと

佐伯 誠 著

2,200円＋税　ISBN 978-4-911077-00-9　C0095

「会っているとき、もうこんな人には会えないんだぞ、そんな胸苦しさを覚えたことがあるだろうか？ いきなり現れたのが掛井五郎だった。内に火焔獣を抱えた人で、そばにいるとたえず熱気がたちこめているのを感じた。それが動きを止めたとはとうてい信じられない。すべてがかき消されないうちに、覚えていることの欠片をひろいあつめておこうと思った」(佐伯 誠)。

銀座の画廊主に「ピカソが嫉妬するだろう」と言わしめた彫刻家、掛井五郎。初期のブロンズは重厚で力動にあふれたものでしたが、それに満足することなく、2021年秋に91歳で他界するまで、フォルムは歪んだり膨らんだり縮んだりして奔放な変容を続けました。

あまりに変貌がめまぐるしいために、これまで論じられることの少なかった彫刻家の、知られざるチャーミングな素顔や逸話のかずかず。版画10点の挿画とともにお届けします。

赤の謎 画家・笹尾光彦とは誰なのか

奥野武範（ほぼ日刊イトイ新聞）著

1,800円＋税　ISBN 978-4-911077-01-6　C0095

56歳で外資系広告代理店の副社長を辞し、とつぜん「赤の画家」となった笹尾光彦。翌年には東京・渋谷Bunkamura Galleryで鮮やかに展覧会デビュー、以来四半世紀以上にわたって個展を開催し続けています。

どうして、そんなことができるのか？ 一見、穏やかでやさしい笹尾光彦がはらむ「おそろしさ」に迫ろうと、「ほぼ日刊イトイ新聞」で400名以上にインタビューをしてきた著者が、画家をよく知る12名と向き合いました。会社員時代の部下、広告時代を知るマーケター、写真家、俳優のかたせ梨乃、直木賞作家の村松友視……。すべての取材を終えた著者は「笹尾光彦とはいったい『誰』なのか、いっそうわからなくなった」といいます。

笹尾光彦というひとりの人間像が、12名+著者の視点で徐々に浮かび上がっていく対談集であり、少しミステリアスな物語です。